L'ART
DE MAÎTRISER
EXCEL

À ma très chère fille **Nolween**

SOMMAIRE

REMERCIEMENTS

Comment puis-je remercier tout le monde quand il y a autant de personnes ? Je dis grand merci à mon défunt père, paix à son âme, qui m'a inculqué l'optimisme et le courage d'avancer ; à ma mère qui m'a enseigné l'amour et la confiance en soi.

De plus, parmi ceux qui ont contribué à la réalisation de ce projet, j'inclus mon épouse **DONGO B. Nahomi** qui sait si bien me combler, **Docteur Christian BROU** qui a cru en moi et qui a réveillé ma rage de toujours mieux faire, mon MENTOR en bureautique **Monsieur Ibrahima CISSÉ**, **Madame Ahissatou SYLLA** pour son soutien sans faille, sans oublier **Docteur Richmond TCHE** pour son engament en faveur du développement humain.

Et **MERCI** à tous les abonnés de ma page Facebook **Aide Excel Pratique** qui me donnent toujours la force de partager mes connaissances et le courage de me surpasser.

Enfin, je remercie tous ceux qui de près ou de loin m'encouragent et me soutiennent.

INTRODUCTION

Microsoft Excel est l'un des outils professionnels les plus utilisés en entreprise. Une amitié sincère avec ce logiciel vous conduira à la passion et votre productivité accroitra exponentiellement.

Mon objectif en écrivant ce livre n'est pas de vous faire un cours classique d'Excel, car plus ou moins vous le trouverez n'importe où. Mais mon but c'est de vous donner **un retour d'expérience qui d'abord vous motivera à apprendre davantage. Ensuite vous aidera à être autonome et productif avec Microsoft Excel**.

Ce livre est un cocktail de conseils et solutions aux difficultés que vous rencontrerez dans l'utilisation de Microsoft Excel durant toute votre carrière. Alors n'hésitez pas à le savourer avec un grand appétit et revenez sur les points que vous n'aviez pas bien cernés, jusqu'à ce que le contenu de ce libre soit pratiqué comme des réflexes innés.

MA PETITE HISTOIRE « VOULOIR C'EST POUVOIR »

J'étais toujours en quête d'emploi après l'obtention d'un BTS en informatique industrielle et maintenance. Après mon stage école, aucune autre opportunité malgré la multiplication de ma candidature dans les entreprises. Huitième (8e) année toujours dans cette recherche, précisément en juin 2017, je reçois un coup de fil me demandant si je maitrisais bien Excel. Évidemment, je répondis avec un grand OUI. En réalité, je savais ce que c'est Microsoft Excel et je faisais quelques calculs basiques car je gérais mes propres affaires pendant cette période et je faisais mes points de la journée sur des tableaux Excel. Je vous épargne les détails…Rire. Mais pour vous dire la vérité, je ne connaissais vraiment pas grande chose.

À la suite des échanges, l'on me dit de me rendre immédiatement à l'entretien. J'y vais avec beaucoup de courage mais la peur au ventre. Heureusement pour moi pas de test pratique, ouf… quel soulagement ! C'était juste un entretien verbal, et j'ai confirmé que j'allais donner tout mon savoir-faire pour honorer ceux pour quoi je suis sollicité.

Heureusement on me donna une semaine pour commencer le travail, encore une autre bouffée d'oxygène.

Je rentrai chez moi, je m'enfermai une semaine sans télévision, mes séries et programmes préférés étaient remplacés par des cours Excel. Je me suis mis à fond et jusqu'à la fin de la semaine donnée, j'avais une idée précise des fonctionnalités que possède ce tableur.

Mon premier jour au travail, mon Directeur me confia l'élaboration des maquettes des tableaux de bord sur Excel… et je fini par lui proposer des trucs qui l'épatèrent. J'étais moi aussi heureux de voir mon boss content dès le premier mois de fonction, et cela m'a boosté à apprendre davantage Excel. J'ai même commencé à assister mes collègues dans la maitrise de cet outil professionnel. Au fur et mesure, tout le monde se tournait vers moi, pour n'importe quel problème avec Excel.

Et voilà d'où vient cette passion pour Excel, cet outil qui en plus de m'avoir donné du travail après huit (8) grosses années de chômages, me procure aujourd'hui le bonheur d'aider les autres quand ils sont dans les difficultés.

Aujourd'hui, je continue d'apprendre et je partage mes connaissances en aidant les autres à le maitriser. Mieux encore, Je suis le responsable de la page Facebook **Aide Excel Pratique** via laquelle j'aide gratuitement les abonnées et leurs amis sans limite géographique et démographique.

Comprendre et maitriser Excel même en **une semaine c'est possible** et cela dépend de vous. Comme l'adage dit : « **VOULOIR C'EST POUVOIR** ». Si vous mettez les données de ce livre basées sur mon expérience personnelle en pratique, vous serez un « HÉROS » en Excel et votre entourage aura un autre regard sur vous en entreprise. D'autres vous prendront pour un « Expert » qui connait toutes les fonctions, formules et fonctionnalités de Microsoft Excel. Et vous-même aurez un autre regard sur vous. Mais en réalité l'apprentissage de Microsoft Excel est continuel. Vous devez le pratiquer régulièrement sans modération pour avoir une maitrise parfaite.

Ce livre qui est entre vos mains est mon deuxième. Le premier écrit, est intitulé **MAITRISER LES TABLEAUX CROISES DYNAMIQUES**. Ce livre vous apprend pas à pas l'analyse de données avec Excel et toutes ses subtilités sans se casser la tête avec les formules et fonctions. Il est disponible sur AMAZON et est noté **4,7 sur 5** au moment où je suis en train d'écrire ces lignes. Juste vous donner une idée d'où la maîtrise de Microsoft Excel peut vous conduire en plus d'être un « **Super Héros** » au bureau aux yeux de vos responsables.

POURQUOI TU DOIS ABSOLUMENT MAITRISER EXCEL ?

Excel est un puissant outil, simple à utiliser et accessible à tous, mais malheureusement d'autres l'ignorent encore. Aujourd'hui toutes machines (ordinateurs de bureau, ordinateurs portables, les tablettes et smartphones) contiennent ce tableur. Cette accessibilité est déjà un atout. Vous trouverez ci-dessous les **05 raisons fondamentales** pour lesquelles, je vous recommande l'apprentissage et la maitrise parfaite de cet outil :

- **Excel est presque incontournable en entreprise**

Quel que soit votre domaine d'activité : Finance, assurance, gestion de projet, administration, informatique, management, analyse d'affaire et bien d'autres, Microsoft Excel est au cœur vos tâches quotidiennes.

- **Excel vous aide dans le gain de temps et augmente votre productivité**

Maitriser Excel vous fera gagner énormément de temps dans la réalisation de vos tâches et vous serez très productif. Car vous pouvez exécuter une tâche en 5 minutes qu'un novice prendrait toute une journée avant d'achever.

- **Maitriser Excel augmente vos changes d'employabilité**

Dans ce monde où trouver un emploi est un parcours du combattant, il faut mettre toutes chances de son côté. Vous remarquerez d'ailleurs que les recruteurs mettent l'accent sur cette compétence car elle est très importante pour la productivité de l'entreprise.

- **Microsoft Excel est un outil décisionnel (Business Intelligence)**

Aujourd'hui Excel n'est plus un outil simple pour faire que des tableaux, mais un puissant outil de traitement et d'analyse de données. Il vous permet de résumer de grande quantité de données en quelques clics et même de construire des tableaux de bord pour le suivi de vos activités.

- **Il vous aide dans l'automatisation des tâches fastidieuses et répétitives**

Excel à l'aide de l'enregistreur macro et de l'éditeur VBA, vous permet d'automatiser les tâches fastidieuses et vous pouvez même l'utiliser pour créer des applications performantes de gestion.

COMMENT APPRENDRE EXCEL VITE ET À MOINDRE COUT ?

Microsoft Excel est simple et très facile mais un peu vaste, car chacun l'utilise selon les besoins liés à son domaine d'activité.

Pour cette raison, une fois que vous avez les notions de base en Excel, je vous recommande les **06 techniques suivantes** :

- **Recensez toutes les fonctionnalités nécessaires à votre domaine d'activité.**

Connaitre les fonctions que vous devrez utiliser régulièrement dans votre domaine est une base essentielle. Bien vrai que nous avons tous besoin de cette compétence en Microsoft Excel, mais nous ne sommes pas tous confrontés aux mêmes difficultés. Raison pour laquelle, je vous conseille de vous orienter d'abord vers la résolution des problèmes que vous allez rencontrer régulièrement. Après la maitrise de ceux-ci, vous pouvez maintenant élargir votre champ de connaissance. Pour cela, vous pouvez effectuer des recherches sur le net et recueillir des informations auprès de vos ainés dans le domaine.

- **N'apprenez pas les fonctions ou les formules par cœur.**

Comprenez et maitrisez-les ! pourquoi les utilise-t-on ? comment les utiliser ?

Ce sont des questions que vous devez vous poser et les réponses vous aideront à cerner ces fonctions et pouvoir les utiliser correctement quand vous êtes en face d'une situation. Il faut bien comprendre le fonctionnement des arguments ou paramètres... Car vous allez utiliser la même fonction dans de différents contextes en fonction des besoins.

- **Pratiquez tout ce que vous apprenez.**

La meilleure manière d'apprendre c'est de pratiquer. Vous pouvez suivre des Coachs Experts en Excel, des formations de haut niveau, mais si vous ne mettez pas en pratique cette connaissance vous serrez toujours un utilisateur standard.

- **Cherchez à comprendre et maitriser fonction par fonction sans vous disperser.**

Maitrisez la bien avant de passer à une autre. Mieux vaut maitriser quelques fonctions que d'avoir juste des notions de bases de toutes les fonctions de Microsoft Excel. Savoir pratiquer pleinement quelques fonctions est préférable qu'assez de notions théoriques.

- **Ne demandez jamais une solution clé en main, Sauf si vraiment vous n'avez pas le choix.**

Quand vous êtes coincé dans la réalisation de vos tâches, cherchez vous-même sur les forums ou en regardant les tutos sur YouTube. Car vous n'êtes pas le premier utilisateur d'Excel. Pratiquement tous les problèmes auxquels vous êtes confrontés ont déjà été réglés par quelqu'un d'autre sur internet. Il suffit de correctement saisir votre requête et vous tomberez sur des solutions avec des explications comme de la magie. C'est juste une question de curiosité et de patience. Et plus vous chercherez vous-même mieux vous comprendrez aisément.

- **Enfin, aidez votre entourage avec le peu que vous savez.**

Nous apprenons plus en enseignant. En cherchant la solution aux problèmes des autres vous faites des cas d'exercices pratiques et vous découvrirez de nouvelles manières de résoudre les problèmes. Et ces nouvelles découvertes se transformeront en expérience pour vous. **Soyez juste humble et serviable, vous verrez.**

LE MEILLEUR EXERCICE POUR COMPRENDRE ET MAITRISER EXCEL

Souvent je reçois les requêtes suivantes :
- Comment s'exercer pour accroitre mes compétences en Excel ?
- Puis-je avoir des exercices pratiques avec vous ?

Je réponds : « *La meilleure manière de s'exercer c'est d'aider les autres* ». Quand vous ne savez pas quoi faire pour améliorer votre niveau en Excel, proposer votre service aux autres gratuitement.

Pourquoi aider les autres ?

Quand vous avez une bonne base en Excel, aidez vos proches. Cela vous confrontera à de nouveaux cas pratiques qui parfois, vous demanderont beaucoup de réflexions, de recherche avant de conclure. **C'est un excellent moyen pour pratiquer et améliorer sa compétence en Excel**. Ceux que vous aidez croiront en vous comme leur repère en Excel, vous allez prendre confiance en vous et vous allez accroitre rapidement vos compétences.

COMMENT BIEN UTILISER LES FONCTIONS DE MS EXCEL ?

Chaque fonction Excel comporte des arguments, certains les appellent les paramètres. Ces arguments sont des clés du bon fonctionnement des fonctions. Certaines n'ont qu'un seul argument cependant d'autres en ont plusieurs.

Pour celles qui n'ont qu'un seul, cet argument est obligatoire.

Pour celles qui en ont plusieurs il peut y avoir des arguments obligatoires et d'autres facultatifs. Ces arguments sont séparés par des points-virgules (;) pour la version française bien sûre et virgule (,) pour la version anglaise. Nous verrons dans les moindres détails les fonctions un peu plus loin.

Parfois certains amateurs ou même des personnes avisées commettent ces erreurs en séparant les arguments par des virgules sur la version française. Ce qui leur renvoie évidemment des messages d'erreurs.

Pour chaque fonction sachez qu'il y a des arguments ou paramètres et ils sont séparés par des points-virgules (;) pour la version française et virgule (,) pour la version anglaise.

Maintenant que vous êtes motivé(e) et prêt(e) à maitriser Excel, commençons à prendre en main cet outil de productivité.

PRENDRE EN MAIN LE LOGICIEL

1. Description de l'interface

À l'ouverture d'Excel vous verrez un affichage comme ci-dessous à votre écran. C'est là votre espace de travail.

Nous allons progressivement décrire les éléments essentiels.

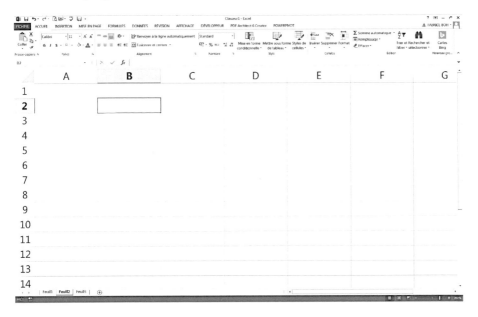

Voyons ensemble le ruban

C'est la partie supérieure de la fenêtre Excel. Elle est composée des onglets suivants : *Accueil, insertion, Mise en page, formules, données, révision et affichage...*

Vous trouverez ci-dessous un bref récapitulatif des éléments du ruban.

Il est très important de les connaitre car quand vous savez où chercher un élément ou une fonctionnalité, plus vous êtes rapide et vous devenez productif.

ONGLETS	GROUPES	FONCTIONS
Accueil	Presse-papiers	Copier-couper-coller, copie de mise en forme
	Police	Couleur, fond, formes et tailles de polices
	Alignement	Renvoyer à la ligne automatique, fusionner et ajuster les aliments
	Nombre	Formatage de cellule (séparateur de milliers, les décimaux etc…)
	Style	Mise en forme conditionnelle, mettre sous forme de tableau et styles de cellules
	Cellules	Insérer, supprimer des lignes /colonnes/tableau…
	Edition	Les fonctions rapides, trie et filtre, recherche, remplacement...
Insertion	Tableaux	Création de tableaux simples et croisés dynamiques
	Illustrations	Insertion d'images, de photo et de forme
	Compléments	Installation des compléments d'Excel
	Graphiques	Création de graphiques simples, croisés dynamiques et les sparklines
	Filtres	Ajouter des segments et la chronologie pour filtrer
	Liens	Insertion des liens vers d'autres feuilles, entre d'autres documents et même des liens web
	Textes	Insertion de zone de textes, entête et pieds de pages, le Word art et des signatures.
	Symboles	Insertion des équations et des caractères spéciaux

ONGLETS	GROUPES	FONCTIONS
Mise en page	Thèmes	*Des modèles de mises en forme prédéfinies*
	Mise en page	*Configuration de marges, de l'orientation de la page, de la taille, de la zone d'impression, du saut de page, de l'arrière-plan et d'impression de titre.*
	Mise à l'échelle	*Configuration des dimensions de la feuille de calcul et de l'impression*
	Options de la feuille de calcul	*Afficher ou masquer le quadrillage et les en-têtes*
	Organiser	*Configuration de l'affichage des objets*
Formules	Bibliothèque de fonctions	*Un regroupement des fonctions par familles*
	Noms définis	*Définir et gérer un nom à une cellule, une plage de données.*
	Vérificateur des formules	*Zone d'inventaire de formules*
	Calcul	*Configuration les options de calcul*
	Solutions	
Données	Données externes	*Les options d'importation de données de fichier Access, web et aux bases de données.*
	Connexions	*Actualisation des données, Création d'une connexion avec une base de données et de modification de liens*
	Trier et filtrer	*Les outils de tris et de filtre avec une option avancée.*
	Outils de données	*Validation de données, suppression des doublons, fraction d'une colonne en plusieurs), consolidation des données etc…*
	Plan	*Grouper ou dissocier des lignes ou colonnes*
	Analyse	*Les outils de Statistiques poussées : Utilitaire d'analyse et le solveur*
Révision	Vérification	*Vérification d'orthographe, recherche sur internet et dictionnaire des synonymes*
	Langue	*Utilitaire de Traduction*
	Commentaires	*Créer et gérer les commentaires*

ONGLETS	GROUPES	FONCTIONS
	Modifications	*Protection de la feuille et du classeur ; partage et suivi des modifications.*
Affichage	**Mode d'affichage**	*Différents modes d'affichage de la feuille de calcul et la mise en page*
	Afficher	*Afficher ou masquer les règes, la barre de formule, le quadrillage et les en-têtes*
	Zoom	*Configuration des différents zooms de la feuille de calcul et même sur une plage de donnés*
	Fenêtre	*Figer les volets, et configuration de la fenêtre de travail, basculer entre les classeurs.*
	Macros	*Afficher les macros, enregistrer une macro*

2. Structure d'un fichier (classeurs, feuilles et cellules)

Un classeur est un fichier Excel contenant une ou plusieurs feuilles de calcul. Il est destiné à vous aider dans l'organisation de vos données.

Une feuille de calcul est la fenêtre de calcul représenté par le quadrillage de colonnes et de lignes (vue sous la forme de petit rectangle). Il est possible d'en créer plusieurs dans un classeur.

Cellule est l'intersection d'une ligne et d'une colonne représentée par une case.

3. Créer un classeur

Il existe plusieurs méthodes de création d'un classeur Excel.

Méthode 1 : *Clic droit* sur le bureau ou dans un dossier puis sélectionnez *nouveau* puis *Feuille de calcul Microsoft Excel et un nouveau classeur se crée et renommez-le.*
Vous pouvez ouvrir en faisant double clics sur le classeur.

Méthode 2 : lancer directement votre logiciel Excel depuis votre bureau, votre menu démarrer ou de la barre de tâche. Dans l'onglet fichier, cliquez sur enregistrer puis nommez votre classeur.

4. Les différentes extensions du fichier Excel

En informatique, une extension de nom de fichier ou simplement extension de fichier est un suffixe de nom de fichier. Elle est faite pour identifier son format. En clair, c'est ce qui détermine le type de fichier et identifie l'application qui par défaut est chargé de l'ouvrir.

Vous verrez dans le tableau ci-dessous les extensions courantes de Microsoft Excel :

Version Excel	Extension
Microsoft Excel 97-2003	**.xls**
À partir de la version 2007 sans macros	**.xlsx**
À partir de la version 2007 avec macros	**.xlsm**

5. Les limites de Microsoft Excel selon les versions

Version d'Excel	Nombre des lignes	Nombre des colonnes	Le nom de la dernière colonne
Excel 95			
Excel 97	**65 536**	**256**	**IV**
Excel 2003			
Excel 2007			
Excel 2010			
Excel 2013	**1 048 576**	**16 384**	**XFD**
Excel 2016			
Excel 2019			
Excel 365			

GÉRER PLUSIEURS FEUILLES DE CALCULS

1. Ajout d'une feuille au classeur.

Par défaut, à l'ouverture d'Excel, vous aurez une seule feuille de calcul qui est disponible. Il est possible d'en ajouter autant que possible selon les versions.

Pour cela il faut juste :

Option 1 : Cliquer sur ajouter *nouvelle* ⊕ *feuille.* Il est situé sur la barre d'état à côté du nom de la feuille ou à côté de la dernière si vous en avez plusieurs.

Option 2 : *Clic-droit sur l'onglet d'une feuille* puis sur *insérer* ensuite dans l'onglet général *double sur feuille.*

Je vous recommande la première option qui est vraiment simple et rapide.

2. Renommer une feuille.

Il est important de donner des noms explicites à vos feuilles de calcul, selon les types de données qu'elles comportent. C'est une meilleure organisation qui vous permettra de naviguer rapidement dans votre classeur. Pour le faire, vous avez deux options :

Option 1 : Faites *double-clic sur l'onglet* à renommer puis *saisissez le nouveau nom* puis valider avec la *touche entrée* de votre clavier.

Option 2 : *Clic droit sur l'onglet* à renommer puis dans le menu contextuel choisir *renommer* puis *saisissez le nouveau nom* puis valider avec la *touche entrée* de votre clavier.

3. Créer une copie ou déplacer une feuille

Il n'est pas pratique de faire copier-coller ou couper-coller le contenu d'une feuille de calcul pour copier ou déplacer feuille dans le même classeur ou dans un autre. Je vais vous montrer des techniques simples et professionnelles qui garantissent l'intégrité de vos données.

a. Créer une copie d'une feuille de calcul Excel :

Maintenir la touche **CTRL** et le **clic-gauche** sur l'onglet de la feuille à copier puis bouger la souris et la lâcher à l'endroit souhaité. Une copie de la feuille est automatiquement créée.

Il est possible d'utiliser cette méthode pour créer une copie dans un classeur si et seulement si les deux classeurs sont ouverts et visibles en mode partage d'écran.

b. Déplacer une feuille de calcul Excel

Dans le même classeur vous pouvez **maintenir le clic-gauche** sur l'onglet de la feuille à déplacer puis bouger la souris et la lâcher à l'endroit souhaité.

Sinon faire *clic-droit sur l'onglet* de la feuille à déplacer puis dans le menu contextuel cliquer sur *Déplacer ou copier.* Un formulaire s'affiche comme ci-dessous :

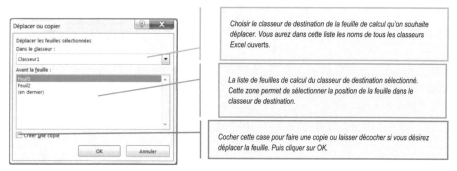

4. Identifier une feuille grâce à une couleur d'onglet

Il est possible de colorer l'onglet de chaque feuille Excel dans le but de les identifier plus facilement. C'est aussi signe de bonne organisation du travail. Pour cela, faire *clic-droit sur l'onglet* à colorier puis cliquer sur *couleur d'onglet et choisir la couleur* selon votre convenance.

TRAVAILLER AVEC DES CELLULES

1. Les différentes façons de sélectionner des cellules

Il y a tellement de possibilité de sélection que je vais juste vous donner quelques-unes.

a. Sélection de cellule :

- *Cliquer dans une cellule*, la sélectionne automatiquement.
- *Saisir la référence d'une cellule dans la zone de nom* pour la sélectionner.
- Appuyer sur la *touche tabulation* du clavier permet de se déplacer sur une ligne
- La *touche entrée* du clavier permet de se déplacer dans une colonne du haut en bas
- Appuyer sur les *touches de direction* pour se déplacer ou sélectionner une cellule.

b. Sélection de plage de données (plusieurs cellules) :

- *Maintenir le clic-gauche* de la souris puis *glisser jusqu'à une autre cellule* permet de sélectionner une plage de cellules.
- *Sélectionner la première cellule, maintenir la touche SHIFT* puis *sélectionner une autre cellule* permet de sélectionner la plage de cellule située entre ces deux cellules.
- Maintenir la *touche CTRL* puis *cliquer dans plusieurs autres cellules* permet de les sélectionner.
- *CTRL+*(astérisque)* ou *CTRL+A* permet de sélectionner le tableau

c. Sélectionner de ligne ou de colonne :

- De manière classique, *cliquer sur la référence de la ligne ou de la colonne* permet de sélectionner la sélectionner. Il est également possible de faire avec les raccourcis clavier.
- *CTRL + ESPACE* = sélection d'une colonne entière.
- *SHIFT + ESPACE*= sélection d'une ligne entière.

2. Insérer des lignes et des colonnes

a. Insertion de ligne

- *Sélectionner la ligne* où vous désirez ajouter la nouvelle puis *clic-droit sur le numéro de la ligne*, et dans le menu contextuel choisir *insérer*.
- *Sélectionner la ligne* où vous désirez ajouter la ligne puis la combinaison de *CTRL et la touche (+)* du clavier.

b. Insertion de colonne

- *Sélectionner la colonne* où vous désirez ajouter la colonne puis *clic-droit sur la lettre de la colonne*, et dans le menu contextuel choisir *insérer*.
- *Sélectionner la colonne* où vous désirez ajouter la colonne puis la combinaison de *CTRL et la touche (+)* du clavier.

c. Insérer plusieurs lignes ou colonnes à la fois.

Pour insérer plusieurs lignes ou colonnes dans une feuille de calcul, *sélectionnez un nombre de lignes ou de colonnes existantes* identique au nombre que vous souhaitez insérer.

Effectuez ensuite un *clic-droit* puis sélectionnez *insérer*

Par défaut la ligne insérée est au-dessus de la ligne sélectionnée et la colonne à gauche de celle sélectionnée.

3. Modifier la hauteur des lignes et la largeur des colonnes

Vous aurez régulièrement besoin de cette fonctionnalité d'Excel pour ajuster la dimension des plages de données en fonction du contenu.

Option 1 : pour ajuster automatiquement et rapidement les toutes les colonnes de la feuille, cliquez sur le bouton *sélectionner tout* (qui se trouve  juste en dessous de la zone de nom), puis *double-cliquez* sur une *limite entre deux entêtes* de colonne.

Option 2 : *sélectionner les lignes ou colonnes* puis *clic-droit* puis sélectionner *hauteur de lignes ou largeur de colonnes* puis *saisissez la dimension* souhaitée puis *OK*.

Option 3 : *sélectionner les lignes ou colonnes* puis *cliquez sur Format* dans le menu Accueil du ruban et vous avez toute une palette de fonctionnalités qui vous aidera à *modifier la hauteur/largeur des lignes/colonnes.*

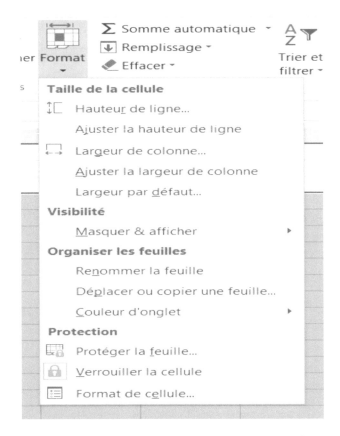

4. Maîtriser les références (DOLLARS ($))

Dans cette partie, nous allons apprendre comment bien utiliser DOLLARS ($) ?

La référence d'une cellule est le nom ou l'identifiant de la cellule. Cette référence bien utilisée nous évite beaucoup d'erreurs pendant la recopie d'une formule.

Pour rappel, une cellule est constituée de lettre(s) identifiant la colonne et un chiffre identifiant la ligne.

Exemple : **A1**, **B3**, **C2**. Pour la cellule A1 : **A** désigne la colonne et **1** pour la ligne.

a. Référence Relative :

On utilise une référence relative pour ne pas fixer de cellule dans une formule. Elle change et s'adapte pendant la recopie de la formule.

Exemple : **A1**

Par défaut, toutes les cellules Excel utilisent une référence relative

b. Référence Absolue :

On utilise une référence absolue pour fixer une cellule dans une formule. Elle est pratique dans le cas où dans notre formule, nous allons toujours nous référer à une cellule ou une plage de données pendant le déplacement. Cette cellule/plage données ne changera pas pendant la recopie de la formule.

Exemple : **A1**

Pour ajouter ces dollars, sélectionner la référence de la cellule dans la formule puis appuyer sur la touche **F4** du clavier.

c. Référence Mixte:

$F2 La colonne est fixée mais la ligne change pendant la recopie de la formule. **F$2** La ligne reste fixée mais la colonne change pendant la recopie de la formule.

Elle est pratique quand on veut toujours se référer à une ligne ou une colonne pendant le déplacement.

Comprenez vraiment bien les références, elles sont importantes dans l'utilisation de Microsoft Excel.

APPLIQUER UN FORMAT AUX CELLULES

1. Mettre en forme le contenu d'une cellule (police, couleurs...)

La mise en forme est quotidiennement utilisée sur pack office, elle permet d'améliorer la visibilité de nos rapports et de nos données.
Elle fonctionne comme sur Word donc rien de nouveau... rire.

Avant d'appliquer une mise en forme, il faut au préalable sélectionner la plage ou cellule sur laquelle nous désirons appliquer.

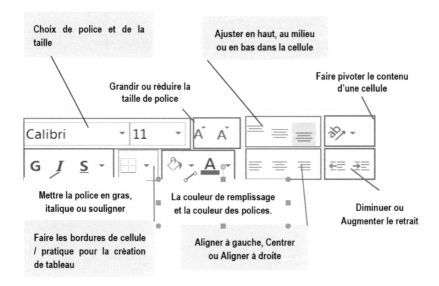

2. Appliquer les bordures

Sélectionnez la cellule ou la plage de cellules dans laquelle vous souhaitez ajouter ou modifier les bordures. Dans l'onglet *Accueil* cliquez sur la *flèche de bordures* ⊞ ⌐, puis *cliquez sur le modèle de bordure* selon votre convenance.

Pour plus de choix, vous pouvez choisir *autres bordures* à la fin des propositions pour personnaliser vos bordures.

3. Supprimer les bordures

Sélectionnez la cellule ou la plage de cellules dans laquelle vous voulez supprimer les bordures. Dans l'onglet *Accueil* cliquez sur la *flèche de bordures* ⊞ ˅, puis *cliquez sur aucune bordure.*

4. Gérer l'alignement dans une cellule

Sélectionnez les cellules contenant le texte que vous voulez aligner

Dans accueil, choisissez une des options d'alignement suivantes :

≡ ≡ ≡ Aligner en *haut*, aligner au *centre* et aligner en *bas*

≡ ≡ ≡ Aligner à *gauche*, *centrer* et aligner à *droite*

5. Fusionner plusieurs cellules

Sélectionnez les *cellules à fusionner* puis dans l'onglet *Accueil* cliquez sur *fusionner et centrer.* ⇔ Fusionner et centrer ˅ .

6. Annuler la fusion des cellules

Sélectionnez les *cellules fusionnées* puis la *flèche vers le bas de l'option fusionner* et sélectionnez *Annuler fusionner cellules.*

7. Définir un renvoi à la ligne automatique

Sélectionnez les cellules à mettre en forme puis dans *Accueil* cliquez sur *renvoyer à la ligne automatiquement*

ab
c⌐ **Renvoyer à la ligne automatiquement**

8. Appliquez un saut de ligne dans une cellule

Pendant la saisie dans une cellule nous avons parfois besoin de revenir à la ligne comme on le fait sur Word avec la touche Entrée. Mais dans Excel ce n'est pas pareil, la touche Entrée simple vous fait changer de cellule. Alors la technique est simple, il faut *maintenir la touche Alt* avant d'appuyer la *touche Entrée* (Alt + Entrée).

9. Appliquer un format de cellule

Un format de données peut être appliqué sur une cellule ou sur une plage de cellules avant ou après la saisie des données. Cette fonctionnalité permet d'imposer un mode d'affichage du contenu de ces cellules. En clair, il s'agit de spécifier le type de données (date, pourcentage, texte, monétaire, etc...)
Pour cela *sélectionnez la ou les cellules*, faites un *clic-droit* puis choisissez *format de cellule* dans le menu contextuel.
Ou cliquez sur la petite flèche du groupe nombre dans le menu Accueil

Puis  cette fenêtre du format des nombres s'affiche

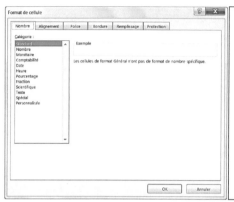

Les différentes catégories sont alignées à gauche de la fenêtre.
Choisissez la catégorie et vous verrez les détails de personnalisation à droite.
Cliquez sur **OK** après votre choix et des personnalisations nécessaires.

Vous pouvez également utiliser ces raccourcis claviers pour formater vos cellules :

Raccourcis claviers	Effet du formatage
Ctrl+J	**Appliquez le format date** (jj/mmm/aa) Exemple : 44401 devient 24-juil-21 24/07/2021 devient aussi 24-juil-21
Ctrl+Q	**Appliquez le format horaire** (hh:mm) Exemple : 0,2 devient 04:48
Ctrl+M	**Appliquez le format monétaire** Exemple : 20 devient 20 €
Ctrl+Maj+%	**Appliquez le format** Exemple : 0,2 devient 20%
Ctrl+E	**Appliquez le format scientifique** Exemple : 100 devient $1,00^E+2$
Ctrl+R	**Appliquez le format standard** C'est le format par défaut des cellules

CRÉER UN TABLEAU

1. Créer un tableau avec mettre sous forme de tableau

Généralement, nous utilisons l'outil bordures pour mettre en évidence les cellules de notre tableau. Ceci est bien mais prend plus de temps et n'offre pas assez de possibilités. Dans cette partie, je vais vous décrire une fonctionnalité très pratique pour créer des tableaux dans Excel.

Selectionnez une cellule de votre plage de données ou la plage de cellules puis dans l'onglet Accueil, cliquez sur Mettre sous forme de tableau. Ensuite choisissez le style de tableau qui vous convient.

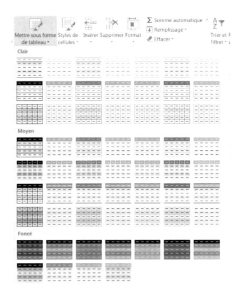

2. Avantages de tableau

➢ Recopie automatique des formules dans une colonne (pas besion de tirer la formule avec la poignée de recopie) ;

➢ Mise en forme automatique du tableau même quand vous ajoutez une nouvelle ligne ou colonne ;

➢ Facilite la selection du tableau, des lignes ou des colonnes ;

➢ Possibilité d'intégrer une ligne statistique (somme, nombre, moyenne,…) à la fin du tableau sans saisir de formules. En activant juste dans l'**onglet outils du tableau** la case nommée **sous total**.

➢ Et plein d'autres…

3. Inconvenient de tableau

Malgré de nombreux avantages il faut dire que ce modèle de tableau fonctionne comme une vraie base de données. Il ne supporte pas de fusion des cellules et chaque colonne doit avoir obligatoirement un nom (entête) different.

Bonne continuation, à partir de la page suivante, nous allons apprendre et maîtriser les calculs de bases.

LES OPERATEURS ET OPERATIONS DE BASE

Les opérateurs spécifient le type de calcul que vous desirez effectuer sur les élements d'une formule, tels que l'addition, la soustration, la multiplication ou la division.

1. Les types d'opérateurs

Il existe quatres types d'operateurs de calcul : arithmétiques, de comparaison, concaténation de texte et de référence.

a. Les opérateurs arithmétiques :

Pour effectuer des opérations mathématiques de base, utilisez les opérateurs ci-dessous:

Opérateurs Arithmétiques	Signification	Exemple
+ (signe plus)	Addition	= 4+6
- (signe moins)	Soustraction	= 10-6
	Négation	= -5
* (astérisque)	Multiplication	= 7*2
/ (bare oblique)	Division	= 8/2
% (signe de pourcentage)	Pourcentage	= 10%
^ (signe insertion)	Exposant	= 2^2

b. Les opérateurs de comparaison :

Ils vous permettent de comparer des valeurs. le resultat de cette comparaison est une valeur logique : TRUE ou FALSE (VRAI ou FAUX).

Ces operateurs sont utilisés dans la fonction Si(), également dans les règles de mise en forme conditionnelle (MFC) que nous allons voir plus loin et bien d'autres encore.

Trouvez les dans le tableau ci-dessous

Opérateurs de comparaison	Signification	Exemple
= (Signe égal)	Égal à	=B1=C1
< (Signe inférieur)	Inférieur à	=B1<C1
> (Signe supérieur)	Superieur à	=B1>C1
<= (Signe inférieur ou égal)	Inférieur ou égal à	=B1<=C1
>= (Signe supérieur ou égal)	Supérieur ou égal à	=B1>=C1
<> (Signe différent)	Différent de	=B1<>C1

c. L'opérateur de concaténation de texte

Opérateur de concaténation	Signification	Exemple
&(Et commercial)	Lier, unir ou concaténer deux ou plusieurs valeurs pour obtenir une seule chaine de texte	="Jean"&" "&"Dupont"» Resultat : Jean Dupont

d. Les opérateurs de référence

Ces opérateurs sont très utiles et même indispensables dans les calculs, les formules et les fonctions d'Excel.

Ils servent à combiner des plages pour les calculs.

Opérateur de référence	Signification	Exemple
: (Deux points)	Opérateur de plage qui produit une référence à toutes les cellules comprises entre deux références, ces deux références étant incluses.	**=SOMME(A2:B20)**
, (Virgule)	Opérateur d'Union qui combine plusieurs références en une seule référence.	**=SOMME(A2:B20, D2:D20)**
(espace)	Opérateur d'intersection qui produit une référence aux cellules qui sont communes à deux références	=SOMME(B7:D7 C6:D8) *Le resultat sera C7+D7 car se sont les deux cellulles communes*
# (Dièse)	Utilisé dans plusieurs contexte:	
	Nom d'erreur	#VALEUR !
	Espace insuffisant pour le rendu (en général il suffit d'agrandir la la largeur de la colonne)	########
	Opérateur de plage reservée, utilisé pour faire référence à une entiere dans une formule	=SOMME(B3#)

	matricielle dynamique.	

2. L'utilisation des parenthèses dans une opération

Les parenthèses sont utilisées fréquement sur Excel.

L'objectif principal est basé sur les règles mathématique pour changer l'ordre de calcul. A priori, la partie entre parenthese est calculée en premier.

Par exemple : **=3*2+5 affiche 11** or **=3*(2+5) donne 21**

Il faut noter aussi que les parenthèses sont obligatoires dans l'utilisation des fonctions sur Excel pour circonscrire les limites de la fonction.

3. Les opérations de base sur Excel

Tout calcul dans une feuille Excel commence toujours par **=** (signe égal). C'est une règle obligatoire dans une feuille de calcul, sinon Excel considère que vous saisissez simplement un texte.

Il existe deux manières de faire des operations simple avec Excel

La **saisie des données à calculer** dans la formule et l'utilisation des **références.**

a. Exemple de saisie de données à calculer dans la formule :

	A	B	C
1	**OPERATIONS**	**FORMULES**	**RESULTATS**
2	*ADDITION*	=4+2	6
3	*SOUSTRATION*	=4-2	2
4	*MULTIPLICATION*	=4*2	8
5	*DIVISION*	=4/2	2
6			

Cette méthode est rarement utilisée car elle est statique.

b. Excemple d'utilisation des références

	A	B	C	D	E	F
1	CHIFFRE N°1	CHIFFRE N°2	ADDITION	SOUSTRATION	MULTIPLICATION	DIVISION
2	4	2	=A2+B2	=A2-B2	=A2*B2	=A2/B2
3	RESULTATS		6	2	8	2
4						

Cette methode est celle qui est utilisée fréquement car elle n'est pas figé, en cas de chagement de valeur de la cellule le resultat s'actualise automatiquement.

Vous pouvez mettre le signe = et saisir les références ou selectionner les cellules concernées avec la souris.

c. Appliquer un calcul sur toute la colonne du tableau

Cette methode vous évite la saisie de la formule dans chaque cellule de la colonne.

Dans le tableau de vente de fruits ci-dessous nous allons illustrer cette methode.

Saisissez la formule de calcul dans la prèmiere cellule de la colonne de chiffre d'affaire sachant que **Chiffre d'Affaire=Quantité*Prix Unitaire**

	A	B	C	D
1	**FRUITS**	**QUANTITE**	**PRIX UNITAIRE**	**CHIFFRE D'AFFAIRE**
2	Mangue	3	1000	=B2*C2
3	Banane	2	500	
4	Pomme	7	300	
5	Citron	3	100	
6	Grenade	8	400	
7	Kaki	5	200	
8	Abricot	4	1500	
9	Ananas	2	700	
10	Fruit de la passion	4	400	
11	Avocat	9	250	
12	Clémentine	2	350	
13	Goyave	9	300	
14	Lacuma	8	1200	
15	Lime	3	800	

Validez la formule avec la touche Entrée de votre clavier.

Selectionner la cellule dans laquelle vous venez d'inserer la formule puis placez le curseur dans le coin inférieur droit jusqu'à ce qu'il change en signe plus (**+**) de couleur noir. Ce signe se nomme « Poignée de recopie ».

Sur l'image ci-dessous le signe plus(**+**) est en rouge juste pour que ça soit plus visible.

	FRUITS	QUANTITE	PRIX UNITAIRE	CHIFFRE D'AFFAIRE
1	FRUITS	QUANTITE	PRIX UNITAIRE	CHIFFRE D'AFFAIRE
2	Mangue	3	1000	3000
3	Banane	2	500	
4	Pomme	7	300	
5	Citron	3	100	
6	Grenade	8	400	
7	Kaki	5	200	
8	Abricot	4	1500	
9	Ananas	2	700	
10	Fruit de la passion	4	400	
11	Avocat	9	250	
12	Clémentine	2	350	
13	Goyave	9	300	
14	Lacuma	8	1200	
15	Lime	3	800	
16				

À ce niveau vous avez deux possibilités :

- Soit vous faites double-clic sur le signe (**+**) puis la formule est appliquée automatiquement dans la colonne.
- Ou sur le même signe plus (**+**) , maintenez la souris puis tirez vers le bas jusqu'à la fin du tableau.

	A	B	C	D
1	**FRUITS**	**QUANTITE**	**PRIX UNITAIRE**	**CHIFFRE D'AFFAIRE**
2	Mangue	3	1000	3000
3	Banane	2	500	1000
4	Pomme	7	300	2100
5	Citron	3	100	300
6	Grenade	8	400	3200
7	Kaki	5	200	1000
8	Abricot	4	1500	6000
9	Ananas	2	700	1400
10	Fruit de la passion	4	400	1600
11	Avocat	9	250	2250
12	Clémentine	2	350	700
13	Goyave	9	300	2700
14	Lacuma	8	1200	9600
15	Lime	3	800	2400
16				

Facile non ? sachez que vous alliez les faire regulièrment.

NB : *Dans une plage de données mise sous forme de tableau, il suffit de valider la formule par touche ENTRÉE puis automatiquement la formule s'applique à la colonne.*

Dans la page suivante nous allons apprendre à gerer les illustrations.

INTÉGRER LES ILLUSTRATIONS

1. Insérer les objets

Excel vous permet d'insérer des formes très variées en fonction de vos besoins.

Pour insérer une forme, cliquez sur l'onglet "Insertion" puis sur "Formes". Vous verrez toutes sortes de formes necessaires : *des rectangles, des formes de base, des flèches pleines, des formes d'équations, des organigrammes, des étoiles et banières ,et des bulles et legendes.*

Choisissons par exemple la flèche pentagone.

Cliquez ensuite sur la feuille Excel et faites glisser jusqu'à obtenir la taille souhaitée

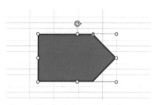

Et voilà l'objet choisi sur votre feuille de calcul

a. Modifier les formes /objets

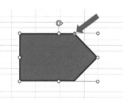

Sélectionnez-la et modifiez sa taille en cliquant sur les petits ronds blancs autour de la forme et en les déplaçant.

b. Faire la rotation des formes / objets

Cliquez et déplacez la flèche circulaire au-dessus de la forme

c. Autre modification

En déplaçant le rond jaune, vous modifierez une propriété spécifique à la forme choisie. À vous de jouer.

d. Couleur de fond et bordures des formes /objets

Pour changer la couleur de fond de votre forme, il faut la sélectionner puis dans l'onglet **mise en forme** puis dans style de formes vous aurez les modèles prédéfinis. Il suffit de cliquer sur un modèle puis le tout est joué.

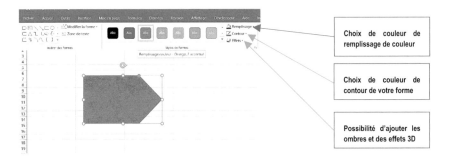

e. Ajouter du texte

Pour ajouter du texte à votre forme, vous avez deux possibilités :

- Sélectionnez la forme puis taper directement votre texte ou ;
- Faites un clic droit dessus et sélectionnez "*Modifier le texte*" dans le menu contextuel ensuite saisissez votre texte.

f. Mettre en forme le texte d'une forme

Pour mettre en forme ce texte, sélectionnez la forme puis dans menu **Accueil** le groupe *Police* et *alignement* agissez sur le visuel comme si vous étiez dans une cellule

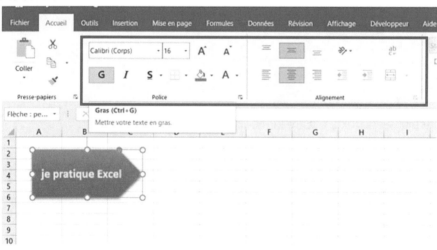

2. Inserer une zone de texte

Pour ajouter une zone de texte c'est la même procédure que inserer une forme. Elle se trouve dans le groupe des formes de base. Cliquez dessus et puis le reste se passe comme nous avons vu avec les formes.

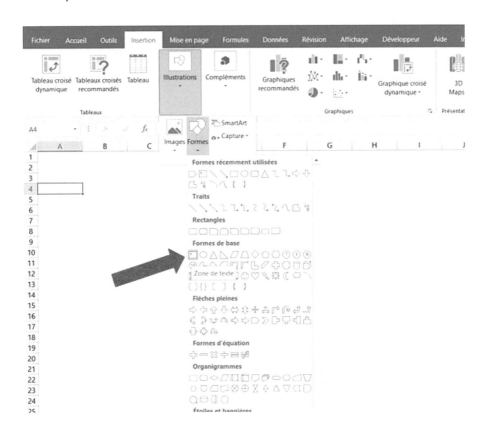

3. Insérer les Word Art

WordArt est une galerie de styles de texte que vous pouvez ajouter à vos compositions pour créer des effets décoratifs tels que du texte ombré ou en miroir (reflété).

Pour le faire rendez-vous dans l'onglet Insertion puis Texte ensuite cliquez sur WordArt et choisissez enfin l'effet qui vous convient.

Et voilà saisissez votre texte

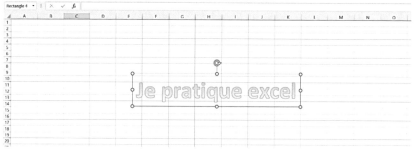

Je vous laisse tester et sachez que la pratique est la meilleure manière d'apprendre.

Vous pouvez ensuite faire la mise en forme comme bon vous semble.

4. Insérer des graphiques SmartArt

Un graphique SmartArt est une représentation visuelle d'informations et d'idées, genre un organigramme d'une entreprise.

Nous allons dans ce cas pratique représenter l'organigramme ci-dessous :

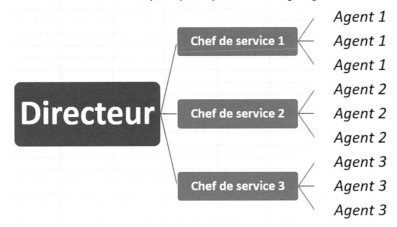

On s'y met donc…

Dans l'onglet Insertion > Illustration > cliquez sur SmartArt

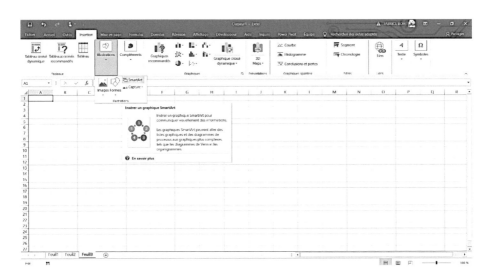

Puis la boite de dialogue dessous s'affiche, choisissez **Hiérarchie** puis Cliquez sur Hiérarchie horizontale

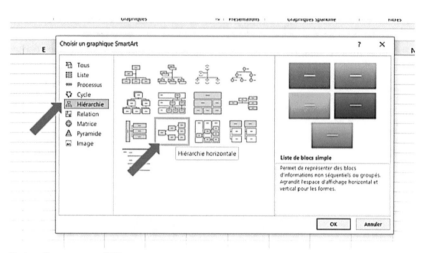

Puis cliquez sur **OK** .

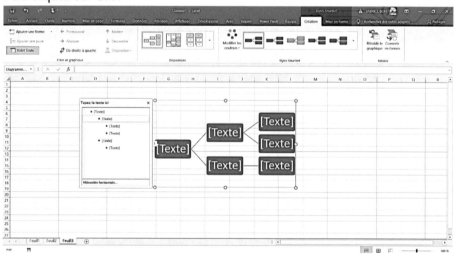

Vous pouvez saisir les données dans les différentes zones de Je vous laisse continuer....

5. Insérer des images

Dans votre feuille de calcul, cliquez sur l'emplacement où vous souhaitez insérer une image :

Sous l'onglet **Insertion**, cliquez sur **Images**.

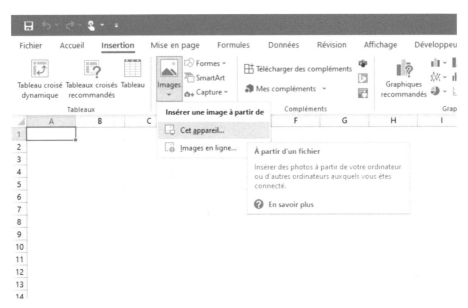

Vous avez deux options soit chercher une image sur votre ordinateur ou rechercher une image en ligne si vous êtes connecté à l'internet.

Recherchez l'image que vous voulez insérer, sélectionnez-la, puis cliquez sur **insérer**.

L'image est insérée dans votre feuille de calcul.

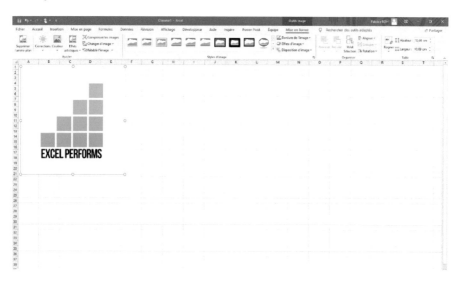

Et voilà, vous pouvez maintenant manipuler comme le cas des objets vus plus haut.

Bravo ! Maintenant que vous savez gérer les illustrations, passons à la mise en forme conditionnelle.

LA MISE EN FORME CONDITIONNELLE (MFC)

La mise en forme conditionnelle vous permet de définir la mise en forme d'une cellule que vous souhaitez si une condition est remplie.

Nous avons deux types de mise MFC :

- **Mises en forme conditionnelles prédéfinies**
- **Mises en forme conditionnelles personnalisées**

Pour accéder, il faut aller dans l'onglet **Accueil** puis dans le groupe styles et cliquez sur **Mise en forme conditionnelle.** Voir l'image ci-dessous :

Nous allons ensemble voir de quoi s'agit-il vraiment.

1. Mises en forme conditionnelles prédéfinies

Ici les modèles sont déjà conçus par Microsoft, il suffit de choisir et les appliquer sur vos données et c'est fait.

Je vous montre brièvement les MFC prédéfinies.

Les éléments encadrés en rouge sur l'image ci-contre sont les MFC prédéfinies. Elles sont prêtes à l'emploi.

Pointez ou cliquez sur un élément et vous verrez les différentes sous options.

Prenons un exemple concret, considérons du début de la partie sur les MFC. Nous allons mettre tous les nombres de la **colonne POINT supérieur à 50 en vert**.

Tout d'abord, **sélectionnons la plage** sur laquelle nous souhaitons appliquer la MFC, puis dans MFC cliquez sur **Règles de mise surbrillance des cellules** puis sur **Supérieur à**.

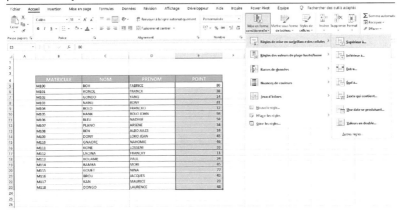

La boite de dialogue ci-dessous s'affiche

Ici pour changer le critère, nous allons mettre **50**

Pour la mise en forme, nous allons choisir **remplissage vert**...

Et cliquez sur **OK** et voilà !

MATRICULE	NOM	PRENOM	POINT
M100	BOH	FABRICE	80
M101	HONOL	FRANCK	38
M102	GONDO	YANG	14
M103	NANG	BONY	81
M104	BOLO	FRANCKO	12
M105	HANK	BOLO JOHN	68
M106	BLEU	NADEGE	58
M107	PLANO	ARSENE	34
M108	BEN	ALBO JULES	16
M109	DONY	LOKO JEAN	45
M110	GNAORE	NAHOMIE	46
M111	KONE	LOSSENI	33
M112	LACINA	FRANCKY	11
M113	KOUAME	PAUL	24
M114	BAMBA	MORI	85
M115	GOUET	NINA	77
M116	BROU	JACQUES	42
M117	KAN	MAURICE	23
M118	DONGO	LAURENCE	48

Facile non ? passons au deuxieme cas d'exemple, utilisations de barre de données.

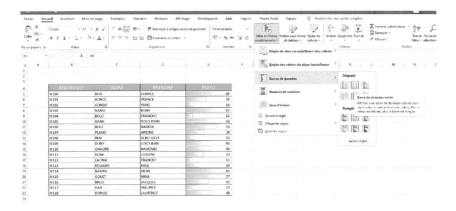

Je vous laisse tester toutes les MFC prédéfinies, passons maintenant, aux MFC personnaliées.

2. Mises en forme conditionnelles personnalisées

Contrairement aux premiers cas que nous venons de voir, ici nous allons nous même les concevoir avant d'appliquer sur nos données.

Considérons le tableau ci-dessous

Nous allons mettre en jaune tous les Noms dont le **nombre de caractères est inférieur ou égal à 4**. **Sélectionnons la plage concernée** par les noms puis dans MFC cliquez sur **nouvelle règle.** Dans la boite de dialogue choisissez la **dernière ligne en bas**.

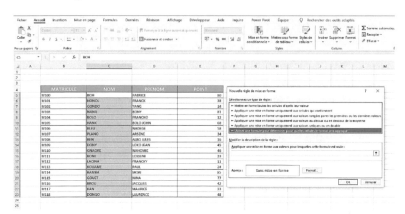

Saisissez la condition dans zone de saisie. Ici nous allons saisir **=NBCAR(C5)<=4**

puis cliquez sur **Format.**

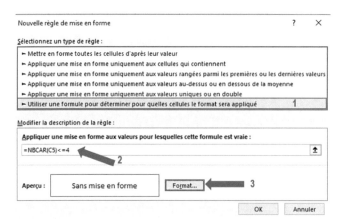

Dans **format de cellule**, modifier la couleur de police, de **remplissage**, de **bordure** ou autre que vous souhaitez. Nous allons dans notre cas prendre uniquement **remplissage de couleur jaune**.

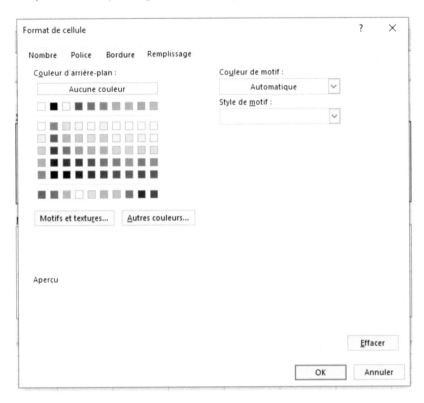

Puis cliquez sur **OK** et en encore sur **OK** ;

Et voilà notre tableau comme on voulait. Tous les noms dont le nombre de caractères est inférieur ou égal à 4 sont maintenant en jaune.

	MATRICULE	NOM	PRENOM	POINT
5	M100	BOH	FABRICE	80
6	M101	HONOL	FRANCK	38
7	M102	GONDO	YANG	14
8	M103	NANG	BONY	81
9	M104	BOLO	FRANCKO	12
10	M105	HANK	BOLO JOHN	68
11	M106	BLEU	NADEGE	58
12	M107	PLANO	ARSENE	34
13	M108	BEN	ALBO JULES	16
14	M109	DONY	LOKO JEAN	45
15	M110	GNAORE	NAHOMIE	46
16	M111	KONE	LOSSENI	33
17	M112	LACINA	FRANCKY	11
18	M113	KOUAME	PAUL	24
19	M114	BAMBA	MORI	85
20	M115	GOUET	NINA	77
21	M116	BROU	JACQUES	42
22	M117	KAN	MAURICE	23
23	M118	DONGO	LAURENCE	48

Ce n'est pas magique ça ?

Nous ne pouvons pas tester tous les cas ici, mais je vous laisse vous imprégnez des MFC. Cette partie vous aidera énormément, il faut la maitriser. Vous pouvez même utiliser pour détecter les doublons dans vos données etc...

Parfait ! Après la maîtrise de la Mise en Forme Conditionnelle, passons maintenant au mode d'affichage de Microsoft Excel.

LA MODE D'AFFICHAGE D'EXCEL

Microsoft Excel nous offre la possibilité de changer le mode d'affichage selon notre convenance. Il existe trois (3) modes d'affichage prédéfinis : **Normal**, *avec saut de page et mise en page.*

Pour y accéder, dans l'onglet **AFFICHAGE** *du ruban se rendre dans* le groupe *mode d'affichage.*

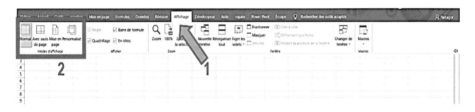

Autrement, vous pouvez changer de mode d'affichages en utilisant directement les icones situées au bas de la feuille dans la barre d'état à côté de zoom. C'est la méthode la plus pratiquée à cause de sa facilité d'accès. Voir l'image ci-dessous.

1. Mode NORMAL

C'est le mode d'affichage par défaut d'Excel. Comme son nom l'indique c'est le mode standard que vous voyez quand vous êtes sur nouvelle feuille de calcul.

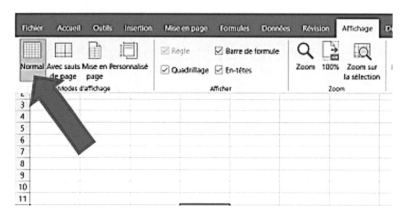

Ou directement dans par d'état

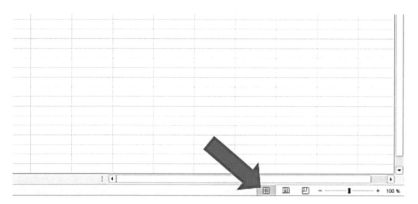

2. Mode avec sauts de page

C'est le deuxième mode d'affichage d'une feuille de calcul. Cette option met en évidence les sauts de page et l'ordre de leur emplacement pour ajuster l'impression sur la feuille. En clair, les sauts de page divisent les feuilles de calcul en pages séparées à l'impression et met en évidence la zone d'impression.

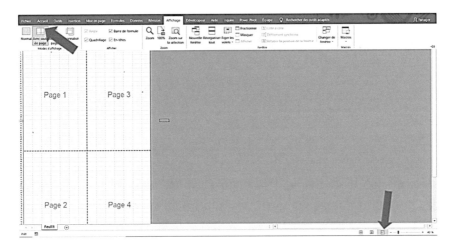

3. Mode mise en page

Cette option est le 3e mode d'affichage, est mon coup de cœur…rire, surtout quand le document est à imprimer !

Je l'utilise régulièrement pour visualiser un aperçu avant impression. L'avantage de ce mode est de voir en temps réel l'aperçue feuille par feuille du rendu final après impression. Et vous avez la possibilité d'ajouter directement les entêtes et pieds de pages.

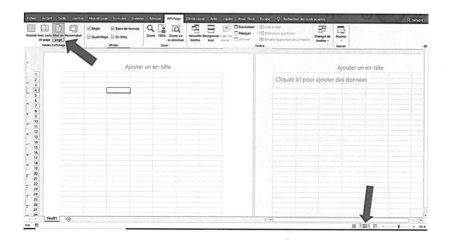

Après les modes d'affichage, à la page suivante nous allons apprendre dans les moindres détails les fonctions intournables de Microsoft Excel.

LES FONCTIONS FRÉQUENTES

Objectif pédagogique : Maitriser les fonctions essentielles pour faire des reportings.

1. Calcul de nombre

a. La fonction NB

*Elle calcule le nombre de lignes comportant des **valeurs numériques** dans une plage de données. Il ne prend pas en compte les caractères considérés comme du texte.*

LA SYNTAXE : *NB(valeur1 ;Valeur2 ;…)*

Exemple d'un cas pratique ci-dessous

b. La fonction NBVAL

Cette fonction calcule le nombre de cellules non-vides dans une plage de données

*Contrairement à la fonction **NB**, elle ne fait pas de distinction entre la valeur numérique et du texte. Tant que la cellule n'est pas vide, elle est prise en compte dans le décompte.*

LA SYNTAXE : *NBVAL(valeur1 ; valeur2 ;...)*

Exemple d'un cas pratique ci-dessous

⯅	A	B	C	D	E
1					
2					
3		**DATA**		**Calculons le nombre de lignes non-vides de notre tableau DATA**	
4		FRANCK		**=NBVAL(B4:B21)**	
5		1260		**Resultat:**	**15**
6		BOH			
7					
8		NANG			
9		666666			
10		BOH			
11		M. NGHOMSI			
12		648			
13		9GGRA			
14		BOH			
15		10000			
16		FRANCK			
17					
18		FRANCK			
19		DONY			
20					
21		DONY			
22					

c. La fonction NB.SI

*Calcule le **nombre de cellules non-vides** respectant **un seul critère**. Quel que soit le contenu de ces cellules (des valeurs numériques ou des textes), la cellule est prise en compte en fonction du critère déterminé.*

LA SYNTAXE : *NB.SI(plage ; critère)*

Plage : elle indique votre colonne, ligne ou même le tableau où se trouve vos données.

Critère : ce paramètre indique l'élément dont on veut calculer le nombre fois qu'il apparait dans notre plage de données. À mettre entre guillemets s'il s'agit du texte.

Exemple d'un cas pratique ci-dessous

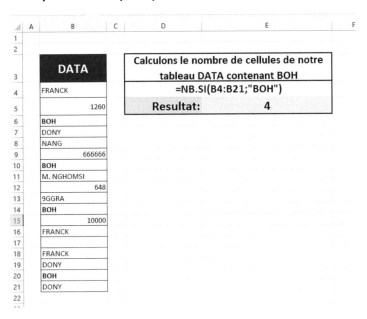

d. La fonction NB.SI.ENS

Elle compte le nombre de cellules non-vides respectant plusieurs critères.

Un peu comme la fonction NB.SI, cette fonction prend en compte plusieurs critères. En clair, elle compte le nombre de cellule contenant des données (des valeurs numériques ou des textes) en fonction plusieurs critères déterminés.

LA SYNTAXE :NB.SI.ENS(plage critère1; critère1 ; plage critère2; critère2;..)

Plage critère1 : elle indique votre colonne, ligne ou même le tableau où se trouve le premier élément à chercher (critère).

Critère1 : ce paramètre indique le premier élément dont on veut calculer le nombre fois qu'il apparaisse dans notre plage de données. À mettre entre guillemets s'il s'agit du texte.

Plage critère2 : elle indique votre colonne, ligne ou même le tableau où se trouve le deuxième élément à chercher (critère).

Critère2 : ce paramètre indique le deuxième élément dont on veut calculer le nombre fois qu'il apparaisse dans notre plage de données. À mettre entre guillemets s'il s'agit du texte.

Etc…

Exemple d'un cas pratique ci-dessous

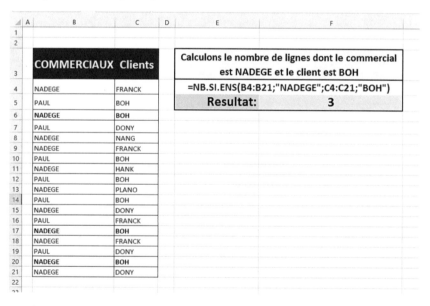

e. La fonction NB.VIDE

Cette fonction calcule le nombre de cellules vides d'une plage données.

Il peut arriver qu'on cherche à calculer le nombre de cellules vides dans une plage de données contrairement aux fonctions vues plus haut qui se focalisent sur les cellules non-vides.

LA SYNTAXE : NB.VIDE(plage)

Exemple d'un cas pratique ci-dessous

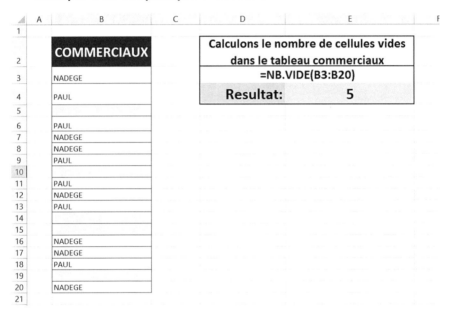

2. Calcul de somme

a. La fonction SOMME

Elle additionne une série de données numériques

La fonction **SOMME** est l'une des fonctions les plus utilisées sur Excel. Elle permet d'**additionner les valeurs numériques**. Elle t'évite de mettre plusieurs signes + dans le calcul, car c'est une réelle perte de temps si vous avez une longue série de valeurs à additionner de cette manière.

LA SYNTAXE : =SOMME(nombre1 ;nombre2 ;...)

Nombre1 ; nombre2 ;... représentent la série des valeurs à additionner. Ces séries peuvent être remplacer directement par une plage de données.

Exemple d'un cas pratique ci-dessous

	A	B	C	D	E	F
1						
2		COMMERCIAUX	CA		Calculons le chiffre d'affaire total de notre tableau de vente	
3		FRANCK	414 242		=SOMME(C3:C23)	
4		BOH	313 830		Resultat:	4 339 402
5		BOH	35 121			
6		DONY	309 012			
7		NANG	31 132			
8		FRANCK	307 999			
9		BOH	306 900			
10		HANK	30 969			
11		BOH	306 510			
12		PLANO	314 587			
13		BOH	31 464			
14		DONY	311 251			
15		FRANCK	30 806			
16		BOH	311 851			
17		FRANCK	308 205			
18		DONY	30 593			
19		BOH	308 028			
20		DONY	5 587			
21		BOH	311 060			
22		PLANO	11 990			
23		DONY	308 265			
24						

b. La fonction SOMME.SI

*Cette fonction **additionne une série de données numériques** respectant un **seul critère.***

Un peu comme la fonction NB.SI, la fonction **SOMME.SI** permet d'effectuer une somme en tenant compte d'un seul critère.

LA SYNTAXE : =SOMME.SI(plage ; critère ; plage_somme)

Plage : la colonne dans laquelle se trouve votre critère

Critère : l'élément qui servira de critère en fonction duquel nous allons chercher à additionner les valeurs numériques.

Plage_somme : c'est la colonne contenant les valeurs numériques sur lesquelles nous allons faire le calcul

Exemple d'un cas pratique ci-dessous

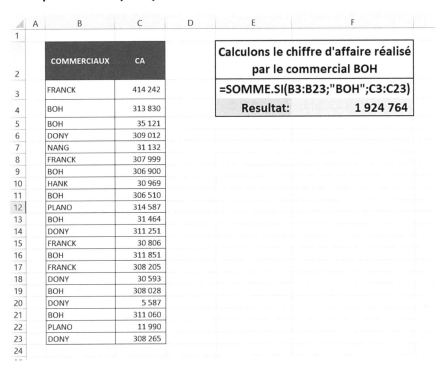

c. La fonction SOMME.SI.ENS

*Elle **additionne une série de données numériques** respectant **plusieurs critères**.*

La fonction **SOMME.SI.ENS** permet d'effectuer une somme en tenant compte de plusieurs critères.

LA SYNTAXE : =SOMME.SI.ENS(somme_de_la_plage ; plage_du_critère 1 ; critère 1 ; plage_du_critère 2 ; critère 2 ; ...)

Exemple d'un cas pratique ci-dessous

	MOIS	COMMERCIAUX	CA		Calculons le chiffre d'affaire réalisé par BOH dans le mois de MAI	
3	novembre	FRANCK	314242		=SOMME.SI.ENS(D3:D23;C3:C23;"BOH";B3:B23;"MAI")	
4	mai	BOH	313830		**Resultat:**	**620 340**
5	juin	BOH	305121			
6	avril	DONY	309012			
7	juin	NANG	310132			
8	juillet	FRANCK	307999			
9	juillet	BOH	306900			
10	avril	HANK	309669			
11	mai	BOH	306510			
12	juillet	PLANO	314587			
13	juillet	BOH	314464			
14	mai	DONY	311251			
15	juillet	FRANCK	307806			
16	juillet	BOH	311851			
17	juillet	FRANCK	308205			
18	mai	DONY	305093			
19	novembre	BOH	308028			
20	novembre	DONY	305587			
21	novembre	BOH	311060			
22	mai	PLANO	311990			
23	avril	DONY	308265			

d. La fonction SOUS.TOTAL

Elle effectue un sous-total d'un tableau avec plus d'options (calcul de nombre, de somme, minimum et maximum d'une série, moyenne et d'autres fonctions statistiques).

LA SYNTAXE : =SOUS.TOTAL(no_fonction ; plage)

La syntaxe de la fonction SOUS.TOTAL contient les arguments suivants :

no_fonction   Obligatoire. C'est là que vous mettez le numéro de la fonction. Ne vous inquiétez pas, ces numéros vous sont proposés dans une liste déroulante. Vous devez savoir quelque chose d'important dans le choix de ces numéros :

Le nombre **1 à 11** pour spécifier une fonction, ce type de codage **inclut les lignes masquées manuellement** du calcul effectué.

Ou **101 à 111** pour spécifier une fonction, ce dernier type de codage **exclut les lignes masquées manuellement** du calcul effectué.

Dans les deux cas**, *en cas de filtre, les lignes masquées sont toujours exclues du calcul effectué*.**

Plage : la colonne de votre plage de données sur laquelle vous désirez faire votre statistique.

3. Fonctions logiques

a. La fonction ET

La fonction **ET** vérifie si tous les tests sont **VRAI** et renvoie **FAUX** si un ou plusieurs tests sont **FAUX**.

Cette fonction est généralement utilisée en combinaison avec d'autres fonctions.

LA SYNTAXE : = ET(test_1; test_2; ...)

L'argument Test est la comparaison à effectuer.

Pour bien décrire cette fonction, faisons un cas pratique. Testons si la valeur de chaque ligne des deux colonnes est égale à VRAI.

	A	B	C	D
1	COL 1	COL 2	FORMULE (ET)	RESULTAT
2	VRAI	VRAI	=ET(A2=VRAI;B2=VRAI)	VRAI
3	FAUX	VRAI	=ET(A3=VRAI;B3=VRAI)	FAUX
4	VRAI	FAUX	=ET(A4=VRAI;B4=VRAI)	FAUX
5	FAUX	FAUX	=ET(A5=VRAI;B5=VRAI)	FAUX
6				

On remarque effectivement que la fonction **ET** renvoie **VRAI** uniquement quand tous les tests sont **VRAI** sinon nous renvoie un **FAUX**.

Un autre cas pratique :
Vérifions si la valeur de la **COL 1** est *supérieure à 5* et celle de **COL 2** est *inférieur ou égal 20*.

	A	B	C	D
1	**COL 1**	**COL 2**	**FORMULE (ET)**	**RESULTAT**
2	10	20	=ET(A2>5;B2<=20)	VRAI
3	5	35	=ET(A3>5;B3<=20)	FAUX
4	8	15	=ET(A4>5;B4<=20)	VRAI
5	2	21	=ET(A5>5;B5<=20)	FAUX

Je pense que c'est assez clair maintenant, nous allons passer à la fonction OU

b. La fonction OU

La fonction **OU** vérifie si un des tests est **VRAI** et renvoie **VRAI** si un ou plusieurs tests sont **VRAI**.

LA SYNTAXE : = OU (test_1; test_2; …)

L'argument Test est la comparaison à effectuer.

Pour bien décrire la fonction **OU**, faisons un cas pratique. Testons si la valeur d'une cellule de la ligne des deux colonnes est égale à **VRAI**.

	A	B	C	D
1	**COL 1**	**COL 2**	**FORMULE (OU)**	**RESULTAT**
2	VRAI	VRAI	=OU(A2=VRAI;B2=VRAI)	VRAI
3	FAUX	VRAI	=OU(A3=VRAI;B3=VRAI)	VRAI
4	VRAI	FAUX	=OU(A4=VRAI;B4=VRAI)	VRAI
5	FAUX	FAUX	=OU(A5=VRAI;B5=VRAI)	FAUX

Un autre cas pratique :
Vérifions si la valeur de la COL 1 est supérieure à 5 ou celle de COL 2 est inférieur ou égal 20.

	A	B	C	D
1	**COL 1**	**COL 2**	**FORMULE (OU)**	**RESULTAT**
2	10	20	=OU(A2>5;B2<=20)	VRAI
3	5	35	=OU(A3>5;B3<=20)	FAUX
4	8	15	=OU(A4>5;B4<=20)	VRAI
5	2	21	=OU(A5>5;B5<=20)	FAUX
6				

Espérant cela a été clair, passons maintenant à la fonction SI

c. La fonction SI

La fonction SI est l'une des plus populaires dans l'utilisation de Microsoft Excel. Elle permet d'établir des comparaisons logiques entre valeur et le résultat attendu.

Cette instruction SI peut avoir deux résultats. Le premier résultat est appliqué si la comparaison est **vraie**, sinon le deuxième résultat est appliqué.

LA SYNTAXE : = SI (test_logique; valeur_si_vrai; valeur_si_faux)

test_logique : la comparaison à effectuer

valeur_si_vrai : la valeur qui s'affiche quand la comparaison est vraie

valeur_si_faux : la valeur qui s'affiche quand la comparaison est fausse

Ci-dessous le cas pratique : nous allons tester si nos chiffres sont positifs ou négatifs. Pour rappel, un chiffre est positif si et s'il est supérieur ou égal à zéro (0)

	A	B	C
1	**DONNEES**	**FORMULE (SI)**	**RESULTAT**
2	23	=SI(A2>=0;"Positif";"Négatif")	Positif
3	-10	=SI(A3>=0;"Positif";"Négatif")	Négatif
4	6	=SI(A4>=0;"Positif";"Négatif")	Positif
5	0	=SI(A5>=0;"Positif";"Négatif")	Positif
6	-1	=SI(A6>=0;"Positif";"Négatif")	Négatif
7			

Rappel :

Vous avez vu que j'ai mis positif et négatif entre les guillemets (" "), c'est la règle avec les textes dans une fonctions une formules Excel. Cela notifie à Excel que c'est du texte, sinon il risque de vous renvoyer des messages d'erreurs.

d. Les fonctions SI « IMBRIQUÉES »

Les fonctions **SI imbriquées** signifient une fonction **SI** au sein d'une autre... Cela nous permet de tester plusieurs cas au lieu de se limiter à une seule comparaison que propose la fonction **SI** simple. Elle peut même aller jusqu'à l'imbriquer avec d'autres fonctions.

SYNTAXE

Cas de deux (2) SI

=SI(test_logique1; valeur_si_vrai; **SI(test_logique2; valeur_si_vrai; valeur_si_faux))**

Cas de trois (3) SI

=SI(test_logique1;valeur_si_vrai; **SI(test_logique2; valeur_si_vrai; SI (test_logique3; valeur_si_vrai; valeur_si_faux)))**

Règle :

♦ Le nombre de parenthèses ouvertes doit obligatoirement être égal au nombre de parenthèses fermées

♦ À part le premier SI, les autres s'insèrent uniquement dans l'argument **Valeur_si_faux**

Cas pratique 1 :

Dans cet exercice, pour tout **nombre inférieur à zéro**, nous allons afficher **Négatif**, pour tout **nombre égal à zéro (0)** nous allons afficher **Nul** et pour tout **nombre supérieur à zéro (0)** on affichera **Positif.**

	A	B	C	D	E	F
	C2	▾ : ✕ ✓ fx	=SI(A2<0;"Négatif";SI(A2=0;"Nul";"Positif"))			
1	Nombres	Formules	Résultats		CRITERES	COMMENTAIRE
2	4	=SI(A2<0;"Négatif";SI(A2=0;"Nul";"Positif"))	Positif		Inférieur à 0	Négatif
3	5	=SI(A3<0;"Négatif";SI(A3=0;"Nul";"Positif"))	Positif		égal à 0	nul
4	-3	=SI(A4<0;"Négatif";SI(A4=0;"Nul";"Positif"))	Négatif		Supérieur à 0	Positif
5	1	=SI(A5<0;"Négatif";SI(A5=0;"Nul";"Positif"))	Positif			
6	0	=SI(A6<0;"Négatif";SI(A6=0;"Nul";"Positif"))	Null			
7	10	=SI(A7<0;"Négatif";SI(A7=0;"Nul";"Positif"))	Positif			
8	8	=SI(A8<0;"Négatif";SI(A8=0;"Nul";"Positif"))	Positif			
9	4	=SI(A9<0;"Négatif";SI(A9=0;"Nul";"Positif"))	Positif			
10	10	=SI(A10<0;"Négatif";SI(A10=0;"Nul";"Positif"))	Positif			
11	0	=SI(A11<0;"Négatif";SI(A11=0;"Nul";"Positif"))	Null			
12	7	=SI(A12<0;"Négatif";SI(A12=0;"Nul";"Positif"))	Positif			
13	6	=SI(A13<0;"Négatif";SI(A13=0;"Nul";"Positif"))	Positif			
14	3	=SI(A14<0;"Négatif";SI(A14=0;"Nul";"Positif"))	Positif			
15	9	=SI(A15<0;"Négatif";SI(A15=0;"Nul";"Positif"))	Positif			
16	-2	=SI(A16<0;"Négatif";SI(A16=0;"Nul";"Positif"))	Négatif			
17	4	=SI(A17<0;"Négatif";SI(A17=0;"Nul";"Positif"))	Positif			
18	0	=SI(A18<0;"Négatif";SI(A18=0;"Nul";"Positif"))	Null			
19	2	=SI(A19<0;"Négatif";SI(A19=0;"Nul";"Positif"))	Positif			
20	2	=SI(A20<0;"Négatif";SI(A20=0;"Nul";"Positif"))	Positif			
21	-7	=SI(A21<0;"Négatif";SI(A21=0;"Nul";"Positif"))	Négatif			
22						

Pour rendre plus lisible la formule, la voilà pour la première ligne :
=SI(A2<0;"Négatif";SI(A2=0;"Nul";"Positif"))

Cas pratique 2 :

Dans cet exercice, il est question d'afficher des appréciations en fonctions des moyennes de classe. Pour toute moyenne **inférieure à 5** on affichera **Mal**, de **5 à 7** on dira **passable**, **égale à 8** on dira **bien** et toute moyenne **supérieure à 8** on affichera **très bien**.

	C2	▾ : ✕ ✓ fx	=SI(A2<5;"Mal";SI(ET(A2)>=5;A2<8)=VRAI;"Passable";SI(A2=8;"Bien";"Très bien")))			

	A	B	C	D	E	F
1	Moyenne	Formules	Résultat appréciation		CRITERES	APPRECIATION
2	7	=SI(A2<5;"Mal";SI(ET(A2>=5;A2<8)=VRAI;"Passable";SI(A2=8;"Bien";"Très bien")))	Passable		Inférieur à 5	mal
3	8	=SI(A3<5;"Mal";SI(ET(A3>=5;A3<8)=VRAI;"Passable";SI(A3=8;"Bien";"Très bien")))	Bien		de 5 à 7	passable
4	2	=SI(A4<5;"Mal";SI(ET(A4>=5;A4<8)=VRAI;"Passable";SI(A4=8;"Bien";"Très bien")))	Mal		égale 8	bien
5	2	=SI(A5<5;"Mal";SI(ET(A5>=5;A5<8)=VRAI;"Passable";SI(A5=8;"Bien";"Très bien")))	Mal		supérieur à 8	très bien
6	1	=SI(A6<5;"Mal";SI(ET(A6>=5;A6<8)=VRAI;"Passable";SI(A6=8;"Bien";"Très bien")))	Mal			
7	10	=SI(A7<5;"Mal";SI(ET(A7>=5;A7<8)=VRAI;"Passable";SI(A7=8;"Bien";"Très bien")))	Très bien			
8	5	=SI(A8<5;"Mal";SI(ET(A8>=5;A8<8)=VRAI;"Passable";SI(A8=8;"Bien";"Très bien")))	Passable			
9	9	=SI(A9<5;"Mal";SI(ET(A9>=5;A9<8)=VRAI;"Passable";SI(A9=8;"Bien";"Très bien")))	Très bien			
10	5	=SI(A10<5;"Mal";SI(ET(A10>=5;A10<8)=VRAI;"Passable";SI(A10=8;"Bien";"Très bien")))	Passable			
11	3	=SI(A11<5;"Mal";SI(ET(A11>=5;A11<8)=VRAI;"Passable";SI(A11=8;"Bien";"Très bien")))	Mal			
12	9	=SI(A12<5;"Mal";SI(ET(A12>=5;A12<8)=VRAI;"Passable";SI(A12=8;"Bien";"Très bien")))	Très bien			
13	10	=SI(A13<5;"Mal";SI(ET(A13>=5;A13<8)=VRAI;"Passable";SI(A13=8;"Bien";"Très bien")))	Très bien			
14	6	=SI(A14<5;"Mal";SI(ET(A14>=5;A14<8)=VRAI;"Passable";SI(A14=8;"Bien";"Très bien")))	Passable			
15	9	=SI(A15<5;"Mal";SI(ET(A15>=5;A15<8)=VRAI;"Passable";SI(A15=8;"Bien";"Très bien")))	Très bien			
16	9	=SI(A16<5;"Mal";SI(ET(A16>=5;A16<8)=VRAI;"Passable";SI(A16=8;"Bien";"Très bien")))	Très bien			
17	6	=SI(A17<5;"Mal";SI(ET(A17>=5;A17<8)=VRAI;"Passable";SI(A17=8;"Bien";"Très bien")))	Passable			
18	7	=SI(A18<5;"Mal";SI(ET(A18>=5;A18<8)=VRAI;"Passable";SI(A18=8;"Bien";"Très bien")))	Passable			
19	5	=SI(A19<5;"Mal";SI(ET(A19>=5;A19<8)=VRAI;"Passable";SI(A19=8;"Bien";"Très bien")))	Passable			
20	9	=SI(A20<5;"Mal";SI(ET(A20>=5;A20<8)=VRAI;"Passable";SI(A20=8;"Bien";"Très bien")))	Très bien			
21	3	=SI(A21<5;"Mal";SI(ET(A21>=5;A21<8)=VRAI;"Passable";SI(A21=8;"Bien";"Très bien")))	Mal			
22						

J'ai mis la première formule en jaune, juste pour la rendre plus lisible. Et c'est elle qu'il faut appliquer sur le reste des cellules. Néanmoins je la remets ici pour vous :

=SI(A2<5;"Mal";SI(ET(A2>=5;A2<8)=VRAI;"Passable";SI(A2=8;"Bien";"Très bien")))

J'espère que vous n'allez pas saisir la formule cellule par cellule …rire !
Vous êtes déjà doué, mais la répétition est pédagogique. C'était juste un rappel.

e. La fonction SIERREUR

Cette fonction remplace l'erreur par une chaine de caractères

SYNTAXE : = SIERREUR(valeur ; valeur_si_erreur)

valeur : la valeur représente l'ensemble de votre formule qui produit ou qui pourrait produire des erreurs

valeur_si_erreur : la valeur qui va s'afficher si l'erreur se produit.

Imaginons que nous avons dix magasins, et nous souhaitons calculer l'évolution en pourcentage des chiffres d'affaires de 2019 à 2020.

Pour rappel, **l'évolution en % CA = (CA 2020 - CA 2019) / CA 2019**

Après la mise en application de cette formule dans notre cas, **voir l'image ci-dessous**, nous constatons des messages d'erreur **#DIV/0!** dans certaines cellules. Cette erreur veut simplement nous dire qu'il est impossible de diviser un nombre par zéro (0), chose normale, car c'est une règle mathématique inviolable.

| D2 | ▼ | : | ✕ | ✓ | *fx* | =(C2-B2)/B2 |

	A	B	C	D
1	MAGASIN	CA 2019	CA 2020	EVOLUTION EN %
2	MAG1	20 000,00 €	40 080,00 €	100,40%
3	MAG2	100 000,00 €	80 103,00 €	-19,90%
4	MAG3	- €	10 200,00 €	#DIV/0!
5	MAG4	28 000,00 €	43 000,00 €	53,57%
6	MAG5	3 500,00 €	1 105,00 €	-68,43%
7	MAG6	50 000,00 €	50 000,00 €	0,00%
8	MAG7	- €	10 020,00 €	#DIV/0!
9	MAG8	9 000,00 €	3 000,00 €	-66,67%
10	MAG9	0,00	60 040,00 €	#DIV/0!
11	MAG10	2 020,00 €	3 301,00 €	63,42%
12				

Comment faire disparaitre ce message d'erreur et surtout le remplacer par un autre ? La solution c'est d'utiliser la fonction **SIERREUR**.

On dira à Excel de mettre **0** s'il trouve que notre formule produit une erreur. Voir l'image ci-dessous :

D2		▼	⋮	✕	✓	*fx*	=SIERREUR((C2-B2)/B2;0)	

	A	B	C	D
1	MAGASIN	CA 2019	CA 2020	EVOLUTION EN %
2	MAG1	20 000,00 €	40 080,00 €	100,40%
3	MAG2	100 000,00 €	80 103,00 €	-19,90%
4	MAG3	- €	10 200,00 €	0,00%
5	MAG4	28 000,00 €	43 000,00 €	53,57%
6	MAG5	3 500,00 €	1 105,00 €	-68,43%
7	MAG6	50 000,00 €	50 000,00 €	0,00%
8	MAG7	- €	10 020,00 €	0,00%
9	MAG8	9 000,00 €	3 000,00 €	-66,67%
10	MAG9	0,00	60 040,00 €	0,00%
11	MAG10	2 020,00 €	3 301,00 €	63,42%
12				

On voit sur l'image ci-dessus que les messages d'erreur sont effectivement remplacés par 0. Facile n'est-ce pas ?

*Nous allons reproduire le même exemple en disant à Excel cette fois, de mettre **NA** (non applicable) si notre formule produit une erreur.*

D2	▼	⋮	×	✓	*fx*	=SIERREUR((C2-B2)/B2;"NA")

	A	B	C	D	E
1	**MAGASIN**	**CA 2019**	**CA 2020**	**EVOLUTION EN %**	
2	MAG1	20 000,00 €	40 080,00 €	100,40%	
3	MAG2	100 000,00 €	80 103,00 €	-19,90%	
4	MAG3	- €	10 200,00 €	NA	
5	MAG4	28 000,00 €	43 000,00 €	53,57%	
6	MAG5	3 500,00 €	1 105,00 €	-68,43%	
7	MAG6	50 000,00 €	50 000,00 €	0,00%	
8	MAG7	- €	10 020,00 €	NA	
9	MAG8	9 000,00 €	3 000,00 €	-66,67%	
10	MAG9	0,00	60 040,00 €	NA	
11	MAG10	2 020,00 €	3 301,00 €	63,42%	
12					

Remarque : *mettez toujours vos chaines de caractère entre les guillemets (" "), raison pour laquelle vous trouvez NA entre les guillemets (" ").*
Je pense que c'est très clair, nous allons continuer avec d'autres fonctions.

4. Quelques calculs statistiques

a. La fonction MIN

Cette fonction affiche la plus petite valeur d'une série de valeurs numériques

LA SYNTAXE : = MIN (nombre1 ; nombre2 ; …)

Mieux encore je vous dirai qu'on peut utiliser toute une plage = MIN (plage)

Trouvez ci-dessous le cas pratique

	D2	▼	:	×	✓	*fx*	=MIN(A2:A17)	

◢	A	B	C	D
1	NUM			
2	100		**LA PLUS PETITE VALEUR:**	1
3	1			
4	53			
5	46			
6	65			
7	40			
8	35			
9	14			
10	85			
11	70			
12	99			
13	42			
14	48			
15	14			
16	64			
17	68			
18				

b. La fonction MAX

Cette fonction affiche la valeur la plus grande d'une série de valeurs numériques

LA SYNTAXE : = MAX (nombre1 ; nombre2 ; …)

Mieux encore je vous dirai qu'on peut utiliser toute une plage = MAX (plage)

Trouvez ci-dessous le cas pratique

D2		⋮	✕	✓	*fx*	=MAX(A2:A17)	

	A	B	C	D	E
1	**NUM**				
2	16		**LA PLUS GRANDE VALEUR**	95	
3	15				
4	41				
5	38				
6	90				
7	95				
8	77				
9	12				
10	29				
11	40				
12	20				
13	80				
14	30				
15	72				
16	34				
17	3				
18					

c. La fonction PETITE.VALEUR

Cette fonction affiche la **énième** *plus petite valeur d'une matrice. Énième représente le rang de la petite valeur qu'on souhaite afficher.*

LA SYNTAXE : =PETITE.VALEUR (matrice ; k)

matrice : représente la plage de données comportant vos valeurs numériques

K : est le nombre qui représente le énième plus petite valeur à afficher. Par exemple, nous avons **1,0,3,10,5,2,7,8**. Pour **k= 1** ; on aura **0** car c'est la première plus petite valeur. Pour **k=2**, on aura **1** car c'est la deuxième valeur la plus petite.

J'espère que vous me suivez. Il n'est pas comme la fonction MIN qui est figée sur la première plus petite valeur de la série.

Trouvez l'image du cas pratique ci-dessous :

| D4 | ▼ | ⋮ | × | ✓ | f_x | =PETITE.VALEUR(A2:A17;1) |

	A	B	C	D	E
1	NUM				
2	100			RESULTAT	FORMULE
3	1				
4	53		LA PLUS PETITE VALEUR:	1	=PETITE.VALEUR(A2:A17;1)
5	46				
6	65		LA 2e PLUS PETITE VALEUR	14	=PETITE.VALEUR(A2:A17;2)
7	40				
8	35		LA 4e PLUS PETITE VALEUR	35	=PETITE.VALEUR(A2:A17;4)
9	14				
10	85				
11	70				
12	99				
13	42				
14	48				
15	14				
16	64				
17	68				

d. La fonction GRANDE.VALEUR

*Cette fonction affiche la **énième** plus grande valeur d'une matrice. Énième représente le rang de la grande valeur qu'on souhaite afficher.*

LA SYNTAXE : =GRANDE.VALEUR (matrice ; k)

matrice : représente la plage de données comportant vos valeurs numériques

K : est le nombre qui représente le énième plus grande valeur à afficher. Par exemple, nous avons **1,0,3,10,5,2,7,8**. Pour **k= 1** ; on aura **10** car c'est la première plus grande valeur. Pour **k=2**, on aura **8** car c'est la deuxième valeur la plus grande.

Il n'est pas comme la fonction MAX qui est figée sur la première plus grande valeur de la série.

Trouvez l'image du cas pratique ci-dessous :

D4			f_x	=GRANDE.VALEUR(A2:A17;1)	
	A	B	C	D	E
1	NUM				
2	100			RESULTAT	FORMULE
3	1				
4	53		LA PLUS PETITE VALEUR:	100	=GRANDE.VALEUR(A2:A17;1)
5	46				
6	65		LA 2e PLUS PETITE VALEUR	99	=GRANDE.VALEUR(A2:A17;2)
7	40				
8	35		LA 4e PLUS PETITE VALEUR	70	=GRANDE.VALEUR(A2:A17;4)
9	14				
10	85				
11	70				
12	99				
13	42				
14	48				
15	14				
16	64				
17	68				

e. La fonction MOYENNE

La fonction **MOYENNE** permet de calculer la moyenne d'une série numérique. Elle est pratique et vous évite le calcul classique qui est : *la somme de la série et diviser par le nombre de d'élément que constitue la série*. Ce calcul est trop long et vous prendra beaucoup de temps. Alors que la fonction MOYENNE vous conduit directement aux résultats.

LA SYNTAXE : =MOYENNE(nombre1; nombre2; …) ou =MOYENNE(plage)

Trouvez ci-dessous le cas pratique

E3	▾	:	✕	✓	*fx*	=MOYENNE(B3:B12)	

◢	A	B	C	D	E
1				Calculons le chiffre d'affaire moyen de l'année 2020	
2	MAGASIN	CA 2020		=MOYENNE(B3:B12)	
3	MAG1	40 080,00 €		Resultat:	30 084,90 €
4	MAG2	80 103,00 €			
5	MAG3	10 200,00 €			
6	MAG4	43 000,00 €			
7	MAG5	1 105,00 €			
8	MAG6	50 000,00 €			
9	MAG7	10 020,00 €			
10	MAG8	3 000,00 €			
11	MAG9	60 040,00 €			
12	MAG10	3 301,00 €			
13					

5. Quelques fonctions dates et textes

a. La fonction AUJOURDHUI

La fonction Excel **AUJOURDHUI** affiche la date du jour (cette date s'actualise chaque jour de manière automatique).

Cette fonction est utilisable également pour calculer l'intervalle entre la date du jour et une date de votre choix.

LA SYNTAXE : =AUJOURDHUI()

Cette fonction n'a pas d'argument. Il faut juste la saisir exactement comme ci-dessus.

Nous allons faire quelques cas d'utilisation :

Dans ce premier cas, nous allons afficher la date du jour.

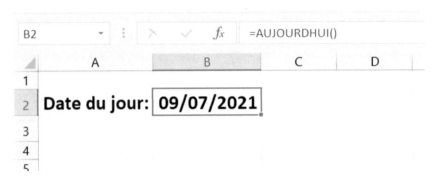

Dans le second cas, nous allons calculer le nombre de jours restant pour finir l'année 2021. On fera juste la date de fin de l'année moins (-) la date d'aujourd'hui.

Voir l'image ci-dessous :

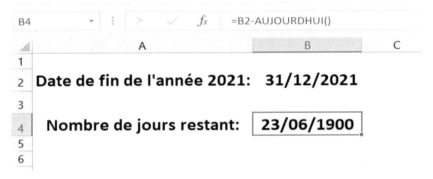

On doit juste formater en nombre pour obtenir le nombre de jour. Car l'affichage actuel est en date.

Dans **Acceuil>Format** de nombre et cliquez sur **nombre**.

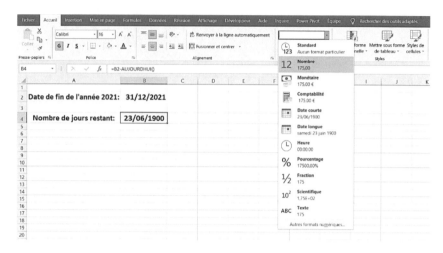

Et voilà ….

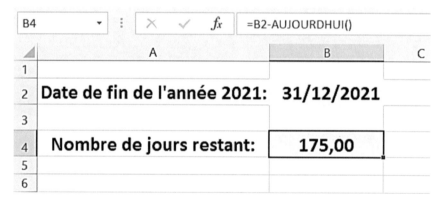

Facile n'est-ce pas ? vous pouvez enlever la partie décimale en cliquant **deux fois sur réduire les décimales** et vous aurez **175** comme le nombre de jours restant pour terminer l'année 2021 à partir d'aujourd'hui le **09/07/2021**.

Passons maintenant à la fonction JOUR().

b. La fonction JOUR

Cette fonction renvoie le jour de la date correspondant à l'argument **numéro_de_série**. Ce jour est représenté sous la forme d'un nombre entier compris entre **1** et **31**.

LA SYNTAXE : =JOUR(numéro_de_série)

numéro_de_série : est l'argument obligatoire qui représente la date ou la série (le nombre correspondant à la date).

Si on veut recouper le jour de la date d'aujourd'hui on aura **JOUR(AUJOURDHUI())**

Trouvez l'exemple ci-dessous étant donné que nous somme le 09/07/2021 nous aurons :

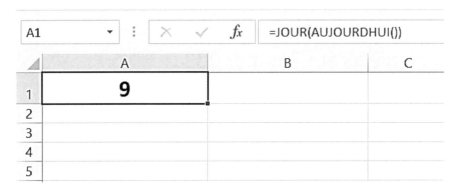

D'autres exemples :

B2	▾ : × ✓ fx	=JOUR(A2)	

	A	B	C
1	**DATE**	**RESULTAT**	
2	01/07/2021	1	
3	vendredi 2 juillet 2021	2	
4	samedi 3 juillet 2021	3	
5	2021-07-04	4	
6	2021-07-05	5	
7	2021-07-06	6	
8	mercredi 7 juillet 2021	7	
9	08/07/2021	8	
10	09/07/2021	9	
11	44387	10	
12			

Rappel :

Vous me direz, pourquoi le chiffre 44387 est aussi prise en compte comme une date ? Ah oui, c'est une date, car une date a une correspondance exacte en chiffre. Alors **44387** veut dire qu'entre 01/01/1990 qui est le début du calendrier sur Excel et 09/07/2021 il y a 44387 jours.

c. La fonction MOIS

Cette fonction renvoie le mois d'une date représentée par un numéro de série. Le mois est donné sous la forme d'un nombre entier compris entre **1 pour janvier** et **12 décembre.**

LA SYNTAXE : =MOIS (numéro_de_série)

numéro_de_série : est l'argument obligatoire qui représente la date ou le nombre correspondant à la date.

Si vous faites **=MOIS(AUJOURDHUI())**, vous obtiendrez le mois de la date d'aujourd'hui.

B2	▾ : ✕ ✓ ƒx	=MOIS(A2)

	A	B
1	DATE	RESULTAT
2	01/01/2021	1
3	mardi 2 février 2021	2
4	samedi 3 avril 2021	4
5	2021-03-04	3
6	2021-06-05	6
7	2021-10-06	10
8	vendredi 7 mai 2021	5
9	08/09/2021	9
10	09/08/2021	8
11	44387	7
12	vendredi 3 décembre 2021	12
13	44503	11
14		

d. La fonction MOIS.DECALER

Cette fonction renvoie le numéro de série qui représente la date correspondant à une date spécifiée (l'argument date_départ), corrigée en plus ou en moins du nombre de mois indiqué. *Utilisez la fonction MOIS.DECALER pour calculer des dates d'échéance ou de coupon tombant le même jour du mois que la date d'émission.*

LA SYNTAXE : =MOIS.DECALER(date_départ ;mois)

date_départ : Obligatoire. Il s'agit d'une date qui représente la date de début.

mois : Obligatoire. Représente le nombre de mois avant ou après date_départ. Une valeur de **mois positive** donne **une date future**, tandis qu'une **valeur négative** donne une **date passée**.

Exemple de cas pratique, imaginons un tableau de vente à crédit à court terme. Chaque marchandise prêtée, le client est censé vous rembourser un mois après.

Calculons ensemble la date d'échéance pour le remboursement.
On aura **MOIS.DECALER(date de prêt ; 1).** Si c'était **5 mois** avant le paiement, on allait faire plutôt **MOIS.DECALER(date de prêt ; 5)**

Ci-dessous le cas pratique :

	=MOIS.DECALER(A2;1)

	A	B
1	DATE DE PRÊT	ECHEANCE POUR LE REMBOURSEMENT
2	01/01/2021	01/02/2021
3	mardi 2 février 2021	02/03/2021
4	samedi 3 avril 2021	03/05/2021
5	2021-03-04	04/04/2021
6	2021-06-05	05/07/2021
7	2021-10-06	06/11/2021
8	vendredi 7 mai 2021	07/06/2021
9	08/09/2021	08/10/2021
10	09/08/2021	09/09/2021
11	44387	10/08/2021
12	vendredi 3 décembre 2021	03/01/2022
13	44503	03/12/2021
14		

Deuxième cas pratique :

Imaginons que nous avons la date d'échéance puis on nous demande la date de départ (la date du prêt).

Dans ce cas le nombre de mois sera négatif exemple : **MOIS.DECALER(date d'échéange ; -1)** et **MOIS.DECALER(date_échéange, -4)** si c'était 4 mois d'échéance.

B2		✓ : × ✓ ƒx	=MOIS.DECALER(A2;-1)	

	A	B	C
1	ECHEANCE (1 mois)	DATE DE PRÊT	
2	01/01/2021	01/12/2020	
3	mardi 2 février 2021	02/01/2021	
4	samedi 3 avril 2021	03/03/2021	
5	2021-03-04	04/02/2021	
6	2021-06-05	05/05/2021	
7	2021-10-06	06/09/2021	
8	vendredi 7 mai 2021	07/04/2021	
9	08/09/2021	08/08/2021	
10	09/08/2021	09/07/2021	
11	44387	10/06/2021	
12	vendredi 3 décembre 2021	03/11/2021	
13	44503	03/10/2021	
14			

J'espère que vous avez bien compris la cette fonction, passons maintenant à la fonction suivante.

e. La fonction ANNEE

Cette fonction renvoie **l'année** d'une date. L'année est renvoyée sous la forme d'un nombre entier dans la plage **1900-9999**.

LA SYNTAXE : =ANNEE (numéro_de_série)

numéro_de_série : est l'argument obligatoire qui représente la date ou le nombre correspondant à la date.

Si vous faites **=ANNEE(AUJOURDHUI())**, vous obtiendrez l'année de la date d'aujourd'hui.

| B2 | ▾ | : | × | ✓ | *fx* | =ANNEE(A2) |

A	B
DATE	**ANNEE DE LA DATE**
01/01/2019	2019
mardi 2 février 2021	2021
vendredi 3 avril 2020	2020
2022-03-04	2022
2008-06-05	2008
2019-10-06	2019
dimanche 7 mai 2000	2000
08/09/2018	2018
09/08/2021	2021
44387	2021
dimanche 3 décembre 2023	2023
44503	2021

Passons maintenant à la fonction DATE

f. La fonction DATE

La fonction DATE d'Excel vous permet de prendre trois valeurs distinctes et de les combiner pour former une date.

LA SYNTAXE : =DATE(année; mois; jour)

année : le nombre correspondant à l'année de la date souhaitée

mois : le nombre correspondant au mois de la date souhaitée

jour : le nombre correspondant au jour de la date souhaitée

Exemple : **DATE (2021;07;11)** donnera **11/07/2021**

Vous me direz ou est l'utilité car on peut écrire directement cette date. Ok, vous avez raison, mais je vais vous faire une démonstration qui vous montrera la grande utilité de cette fonction.

Cas pratique :

Imaginons un instant que vous avez une date (11/07/2021) à laquelle vous désirez ajouter deux (2) mois et 22 jours pour obtenir une seconde date. Que faire ?

Au lieu de se casser la tête avec des calculs manuels qui vont vous prendre assez de temps, il est préférable d'utiliser la fonction DATE.

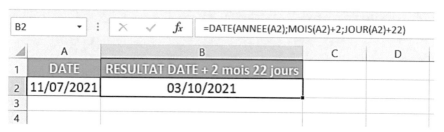

Normalement, le calcul de (22 jours + 11 jours) allait nous retourner 33 jours au niveau de la date. Mais là, conversion en mois a été automatique. Pareil au niveau du mois si la somme **dépasse 12**.

Voilà vous maitrisez maintenant la fonction DATE. Nous allons maintenant passer à la fonction CNUM.

g. **La fonction CNUM**

Cette fonction convertit en nombre une chaîne de caractères représentant un nombre.

LA SYNTAXE : =CNUM(texte)

Texte : cet argument est obligatoire et représente le texte placé entre guillemets ou une référence à une cellule contenant le texte que vous voulez convertir.

Quand on parle de texte ici, ce n'est pas un contenu qui comporte des lettres (a, b, c …) mais plutôt un contenu censé être du numérique. Cela arrive généralement dans les données de l'extraction faite d'une application différente d'Excel.

Exemple : copier-coller d'un tableau de Word sur Excel ou une extraction web.

Cas pratique :
Convertissons chaque date de ce tableau en nombre correspondant.

	B2		fx	=CNUM(A2)		
	A	**B**	**C**	**D**	**E**	**I**
1	DATE	NOMBRE CORRESPONDANT A LA DATE				
2	01/01/2019	43466				
3	02/02/2021	44229				
4	03/04/2020	43924				
5	04/03/2022	44624				
6	05/06/2008	39604				
7	06/10/2019	43744				
8	07/05/2000	36653				
9	08/09/2018	43351				
10	09/08/2021	44417				
11	10/07/2021	44387				
12	03/12/2023	45263				
13	03/11/2021	44503				
14						

Cette fonction est pratique pour convertir un nombre du tableau venant de page de web, de Word ou d'un fichier PDF.

h. La fonction TEXTE

La fonction TEXTE convertit un nombre au format texte.

En clair, elle vous permet de modifier la manière dont un nombre est affiché en lui appliquant une mise en forme qui utilise des codes de format. Cela peut vous être utile lorsque vous souhaitez afficher des nombres dans un format plus lisible, ou quand vous souhaitez combiner des nombres à du texte ou des symboles.

LA SYNTAXE : =TEXTE(valeur; format_texte)

Valeur : cet argument désigne le nombre, une formule dont le résultat est une valeur numérique ou une référence de cellule contenant une valeur numérique.

format_texte : celui-là désigne le format à spécifier pour l'affichage souhaité.

Ne vous inquiétez pas si vous n'avez pas bien compris les arguments, nous allons passer aux cas pratiques.

CAS PRATIQUE 1 :

Imaginons que nous avons les dates dans une colonne et nous souhaitons obtenir les jours de la semaine correspondants.

B2	▾	:	×	✓	fx	=TEXTE(A2;"jjjj")

	A	B	C
1	**DATE**	**JOUR DE LA SEMAINE**	
2	01/01/2019	mardi	
3	02/02/2021	mardi	
4	03/04/2020	vendredi	
5	04/03/2022	vendredi	
6	05/06/2008	jeudi	
7	06/10/2019	dimanche	
8	07/05/2000	dimanche	
9	08/09/2018	samedi	
10	09/08/2021	lundi	
11	10/07/2021	samedi	
12	03/12/2023	dimanche	
13	03/11/2021	mercredi	

CAS PRATIQUE 2

Sur l'image ci-dessous, vous verrez plusieurs cas traités et ce n'est que des exemples. Il y a tellement de possibilités avec cette fonction que traiter tous les cas risque de prendre tout le livre.

FORMULE	DESCRIPTION	RESULTAT
=TEXTE(1234,567;"# ##0,00 €")	Devise avec un séparateur des milliers et 2 décimales	1 234,57 €
=TEXTE(AUJOURDHUI();"JJ/MM/AA")	Date du jour au format JJ/MM/AA	13/02/22
=TEXTE(AUJOURDHUI();"JJJ/MMM/AAAA")	Date du jour au format JJJ/MMM/AAAA	dim/févr/2022
=TEXTE(AUJOURDHUI();"JJJJ/MMMM/AAAA")	Date du jour au format JJJJ/MMMM/AAAA	dimanche/février/2022
=TEXTE(AUJOURDHUI();"JJJJ")	Date du jour de la semaine	Samedi
=TEXTE(MAINTENANT();"HH:MM")	Heure actuelle	02:01
=TEXTE(0,285;"0,0 %")	Pourcentage	28,5 %
=TEXTE(12200000;"0,00E+00")	Notation scientifique	1,22E+07
=TEXTE(1234567898;"[<=9999999]###-####;(###) ###-####")	Spécial (numéro de téléphone)	(123) 456-7898
=TEXTE(1234;"0000000")	Ajouter des zéros (0) de début	0001234
=TEXTE(123456;"##0° 00' 00''")	Personnalisée - Latitude/Longitude	12° 34' 56''

Maintenant que vous savez plus sur la fonction TEXTE, passons maintenant à la suivante.

i. La fonction DROITE

La fonction **DROITE** récupère le nombre de caractères de votre choix à la droite d'une chaîne de caractères.

LA SYNTAXE : =DROITE(texte ; nombre_de_caractères)

Texte : la chaine de texte contenant les caractères à extraire.
nombre_de_caractères : le nombre de derniers caractères à extraire, si vous ne mettez rien, par défaut ça sera un (1) caractère.

CAS PRATIQUE :

=DROITE(A2; 3) équivaut à *3 derniers caractères* de la chaine de caractères contenant dans la cellule A2.

=DROITE(A3) équivaut au *dernier caractère* de la chaine de caractères contenant dans la cellule A3.

Imaginons que nous avons un grand tableau d'articles avec les références contenant les codes pays qui trouvent à la fin de la référence. Dans notre cas nous souhaitons extraire les codes pays.

Vous verrez ci-dessous la résolution de ce problème :

C2	▼	fx	=DROITE(A2;2)

	A	B	C
1	REFERENCE	ARTICLE	CODE PAYS
2	ORD-2342-CI	Article 1	CI
3	PUC-2441-FR	Article 2	FR
4	TAB-2043-US	Article 3	US
5	PLA-2148-CI	Article 4	CI
6	CLA-2342-BF	Article 5	BF
7	ECR-2342-CI	Article 6	CI
8			

j. La fonction GAUCHE

La fonction **GAUCHE** récupère le nombre de caractères de votre choix à la gauche d'une chaîne de caractères.

LA SYNTAXE : =GAUCHE(texte ; nombre_de_caractères)

Texte : la chaine de texte contenant les caractères à extraire.
nombre_de_caractères : le nombre de premiers caractères à extraire, si vous ne mettez rien, par défaut ça sera un (1) caractère.

CAS PRATIQUE :

=GAUCHE(A2; 2) équivaut à *2 premiers caractères* de la chaine de caractères contenant dans la cellule A2.

=GAUCHE(A3) équivaut au *premier caractère* de la chaine de caractères contenant dans la cellule A3.

Imaginons que nous avons un grand tableau d'articles avec les références contenant les codes produits qui se trouvent au début sur 3 caractères. Dans notre cas nous souhaitons extraire les codes produits.

Vous verrez ci-dessous la résolution de ce problème :

C2	▾	⋮	✕	✓	*fx*	=GAUCHE(A2;3)

	A	B	C
1	REFERENCE	ARTICLE	CODE PRODUIT
2	ORD-2342-CI	Article 1	ORD
3	PUC-2441-FR	Article 2	PUC
4	TAB-2043-US	Article 3	TAB
5	PLA-2148-CI	Article 4	PLA
6	CLA-2342-BF	Article 5	CLA
7	ECR-2342-CI	Article 6	ECR
8			

k. La fonction STXT

Cette fonction récupère le nombre de caractères de votre choix dans une chaîne de caractères, à partir d'un emplacement que vous indiquez.

LA SYNTAXE : =STXT(texte ; numéro_de_départ ; nombre_de_caractères)

texte : la chaine de texte contenant les caractères à extraire.
numéro_de_départ : le numéro de caractère à partir duquel nous allons débuter l'extraction.
nombre_de_caractères : le nombre de caractères à extraire.

CAS PRATIQUE :

=STXT("AKK-R34-PU"; 5 ; 3) signifie extraire **3 caractères** à partir du **5ᵉ caractère** du texte **AKK-R34-PU.** On obtiendra comme résultat **R34.**

Imaginons que nous avons un grand tableau d'articles avec les références contenant des valeurs numériques qui se trouvent à partir du 5ᵉ caractère. Dans notre cas nous souhaitons extraire ces valeurs numériques qui ont la même longueur 4 caractères.

Vous verrez ci-dessous la solution de ce problème avec la fonction **STXT** :

C2	▾	⋮	×	✓	f_x	=STXT(A2;5;4)	

	A	B	C
1	**REFERENCE**	**ARTICLE**	**CODE NUMERIQUE**
2	ORD-2342-CI	Article 1	2342
3	PUC-2441-FR	Article 2	2441
4	TAB-2043-US	Article 3	2043
5	PLA-2148-CI	Article 4	2148
6	CLA-2342-BF	Article 5	2342
7	ECR-2342-CI	Article 6	2342

Espérant que nous avançons au même rythme et que vous devenez de plus performant en Excel. Passons maintenant à MAJUSCULE.

I.   La fonction MAJUSCULE

Cette fonction convertit une chaîne de caractères en majuscules comme son nom.

LA SYNTAXE : =MAJUSCULE(texte)
texte: la chaine de texte à convertir en majuscule.

CAS PRATIQUE :

=MAJUSCULE("L'art de maitriser excel est le meilleur") nous retournera comme résultat : **L'ART DE MAITRISER EXCEL EST LE MEILLEUR**

Trouvez -ci-dessous quelques cas d'utilisation avec les références de cellules :

Très facile non ? Maintenant étudions la fonction qui fait le contraire.

m. La fonction MINUSCULE

Cette fonction convertit une chaîne de caractères en minuscules comme son nom l'indique.

LA SYNTAXE : =MINUSCULE(texte)

texte: la chaine de texte à convertir en minuscule.

CAS PRATIQUE :

=MINUSCULE("AVEC L'ART DE MAITRISER EXCEL, J'APPRENDS VITE") nous retournera comme résultat : **avec l'art de maitriser excel, j'apprends vite**

Trouvez -ci-dessous quelques cas d'utilisation avec les références de cellules :

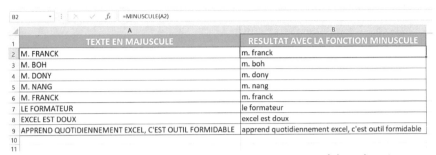

Pas compliqué, j'espère que vous comprenez, passons à la suivante.

n. La fonction NOMPROPRE

Cette fonction transforme la première lettre de chaque mot en majuscule et les autres lettres en minuscules.

LA SYNTAXE : =NOMPROPRE(texte)

texte: la chaine de texte dont nous souhaitons mettre la première lettre de chaque mot en Majuscule.

CAS PRATIQUE :

=NOMPROPRE("AVEC L'ART DE MAITRISER EXCEL, j'apprends vite") nous retournera comme résultat : **Avec L'Art De Maitriser Excel, J'Apprends Vite**

Trouvez -ci-dessous quelques cas d'utilisation avec les références de cellules :

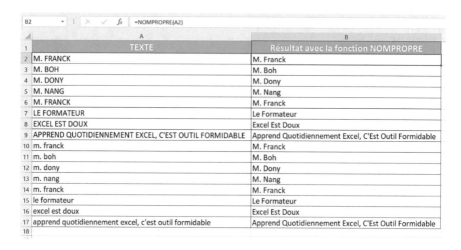

o. La fonction SUPPRESPACE

La fonction SUPPRESPACE permet de retirer les espaces inutiles au début et à la fin d'une chaîne de caractères ainsi que les espaces en surnombre à l'intérieur de la chaîne de caractères.

En effet, cela nous arrive généralement de saisir un texte et d'appuyer sur la touche espace deux fois et autres. Ces erreurs de frappes se résout avec cette fonction. Utile pour le traitement de données.

LA SYNTAXE : =SUPPRESPACE(texte)

texte: la chaine de texte qu'on désire nettoyer.

CAS PRATIQUE :

=SUPPRESPACE("AVEC   L'ART DE MAITRISER   EXCEL ") nous retournera comme résultat : **AVEC L'ART DE MAITRISER EXCEL**
Les espaces inutiles ont été supprimés.

Trouvez -ci-dessous quelques cas d'utilisation avec les références de cellules :

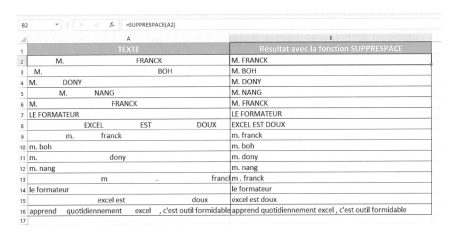

p. La fonction SUBSTITUE

Cette fonction remplace des valeurs textuelles par d'autres à l'intérieur d'une chaîne de caractères.

LA SYNTAXE 1:

=SUBSTITUE(texte; valeur_avant; valeur_après)

Cette syntaxe vous remplace tous les caractères égaux à la **valeur_avant.**

CAS PRATIQUE 1 : Dans ce cas nous allons remplacer tous les **slashs** par des **espace**.

UP ! tous les slashs ont effectivement été remplacés par les espaces. Pas compliqué non ? Passons maintenant au 2e cas.

LA SYNTAXE 2:

=SUBSTITUE(texte; valeur_avant; valeur_après; position)

Celle-là remplace le caractère égal à **valeur_avant** selon le rang indiqué.

CAS PRATIQUE 2 : Ici nous allons remplacer les 2e **slash** par des **traits d'union**

B2	▼	:	×	✓	f_x	=SUBSTITUE(A2;"/";"-";2)

	A	B
1	TEXTE	Resultat avec les fonction SUBSTITUE
2	Fabrice/BOH/AIDE/EXCEL	Fabrice/BOH-AIDE/EXCEL
3	Fabrice/BOH/l'auteur/	Fabrice/BOH-l'auteur/
4	CEDRIC/MOLO/YANK	CEDRIC/MOLO-YANK
5	DANIEL/TOTO/GONDO	DANIEL/TOTO-GONDO
6	MONEY/DADA/FRANCK	MONEY/DADA-FRANCK
7	PAUL/KEA/BIG/BOSS/	PAUL/KEA-BIG/BOSS/
8		

Et voilà nos deuxièmes slashs ont effectivement été remplacés par des traits d'union (-) et voilà vous pouvez faire plusieurs tests. Je vous laisse continuer.

RAPPEL : *N'oubliez pas de pratiquer régulièrement tout ce que nous avons vu jusque-là, plus vous pratiquez, plus vous aurez les bons réflexes et serez un " HÉROS " en Excel.*

6. Fonctions de recherche

a. La fonction CHOISIR

Cette fonction CHOISIR affiche une valeur en fonction du numéro choisi (de 1 à 29 au maximum)

LA SYNTAXE : =CHOISIR(numéro; valeur_si_1; valeur_si_2; etc...)

Numéro : Désigne l'argument valeur qui doit être sélectionné. L'argument no_index doit être un nombre compris entre 1 et 254, ou une formule, ou une référence à une cellule contenant un nombre compris entre 1 et 254

valeur_si_1 , valeur_si_2 … : valeur1 est obligatoire, mais les valeurs suivantes sont facultatives. Il s'agit des 1 à 254 arguments valeur parmi lesquels la fonction CHOISIR sélectionne une valeur ou une action à exécuter en fonction de l'argument no_index spécifié. Ces arguments peuvent être des nombres, des références de cellule, des noms définis, des formules, des fonctions ou du texte.

CAS PRATIQUE :

Imaginons le tableau ci-dessous, l'objectif ici est de compléter la colonne **FRUIT** en fonction du choix des personnes.

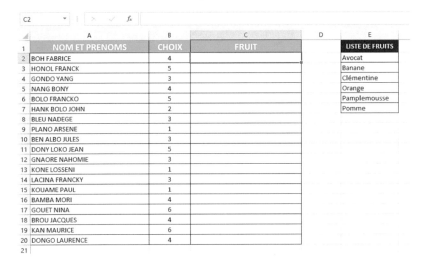

Et voilà, le résultat avec la fonction CHOISIR sur la capture ci-dessous :

| C2 | ▼ | : | × | ✓ | fx | =CHOISIR(B2;E$2;E$3;E$4;E$5;E$6;E$7) |

	A	B	C	D	E
1	MATRICULE	CHOIX	FRUIT		LISTE DE FRUITS
2	BOH FABRICE	4	Orange		Avocat
3	HONOL FRANCK	5	Pamplemousse		Banane
4	GONDO YANG	3	Clémentine		Clémentine
5	NANG BONY	4	Orange		Orange
6	BOLO FRANCKO	5	Pamplemousse		Pamplemousse
7	HANK BOLO JOHN	2	Banane		Pomme
8	BLEU NADEGE	3	Clémentine		
9	PLANO ARSENE	1	Avocat		
10	BEN ALBO JULES	3	Clémentine		
11	DONY LOKO JEAN	5	Pamplemousse		
12	GNAORE NAHOMIE	3	Clémentine		
13	KONE LOSSENI	1	Avocat		
14	LACINA FRANCKY	3	Clémentine		
15	KOUAME PAUL	1	Avocat		
16	BAMBA MORI	4	Orange		
17	GOUET NINA	6	Pomme		
18	BROU JACQUES	4	Orange		
19	KAN MAURICE	6	Pomme		
20	DONGO LAURENCE	4	Orange		
21					

Voilà les détails :

=CHOISIR(B2;E$2;E$3;E$4;E$5;E$6;E$7)

Le signe dollars **$** permet de bloquer sur la ligne même si on tire la formule plus bas avec la poignée de recopie dans le but d'appliquer la formule sur notre colonne FRUIT. Cela évite le décalage de la plage où se trouve la liste des fruits.

No_index = B2 car c'est là que se trouve le numéro de choix

Valeur1 = E$2 où se trouve notre premier fruit.

Valeur2 = E$3 où se trouve notre deuxième fruit.

Valeur3 = E$4 où se trouve notre troisième fruit.

Valeur4 = E$5 où se trouve notre quatrième fruit.

Valeur5 = E$6 où se trouve notre cinquième fruit.

Valeur6 = E$7 où se trouve notre sixième fruit.

b. La fonction RECHERCHEV

Cette merveilleuse fonction recherche une valeur dans la première colonne d'un tableau puis renvoie la valeur d'une cellule qui se situe sur la même ligne que la valeur recherchée. Cette fonction est vraiment pratique dans le croisement de tableaux sur Excel.

LA SYNTAXE :
=RECHERCHEV(valeur_cherchée ; table_matrice; N°_index_col ; valeur_proche)

valeur_cherchée : entrez la valeur à rechercher dans la première colonne du tableau de référence .

table_matrice : entrez la plage de cellules qui contient les données du tableau. De manière claire c'est votre tableau de référence.

N°_index_col : entrez le numéro de colonne du tableau de référence qui contient le résultat à renvoyer.

valeur_proche : entrez **FAUX** ou **zéro (0)** pour rechercher **la valeur exacte** de "Valeur_cherchée" et **VRAI** ou **UN (1)** pour les rechercher la **valeur à peu près** de "Valeur_cherchée".

En général, nous utilisons FAUX ou zéro (0) pour obtenir les valeurs exactes.

CAS PRATIQUE :

Imaginons le tableau ci-dessous. Nous souhaitons que lorsqu'un utilisateur saisie un numéro matricule dans la **cellule G1 en jaune**, le **nom**, les **prénoms** et le **salaire** s'actualisent automatiquement dans les cellules respectives **F4**, **G4** et **H4**. Cette actualisation se base sur notre tableau.

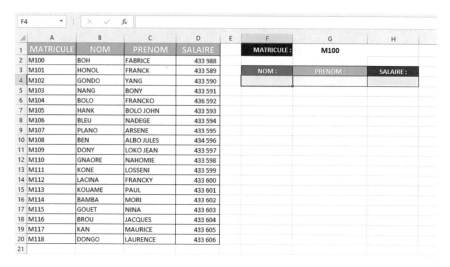

Normalement dans la cellule **G1** en jaune nous devons faire une liste déroulante pour faciliter la sélection des numéros matricules mais nous allons laisser l'utilisateur saisir.

Pour le NOM : =RECHERCHEV(G1;A2:D20;2;FAUX)

Valeur_cherchée ici égal à ce qui va se trouver dans la cellule **G1**. D'où **G1** comme **valeur_cherchée**

Table_matrice dans notre est notre tableau qui **commence par A2 et fini par D20**

N°_index_col : est égal à **2**. Car c'est dans la deuxième colonne de notre tableau de référence que se trouvent les NOMS.

Valeur_proche : évidemment nous voulons les valeurs exactes donc c'est égal à **FAUX**.

Pour le PRÉNOM : =RECHERCHEV(G1;A2:D20;3;FAUX)

Valeur_cherchée : ici égal à ce qui va se trouver dans la cellule **G1**.
Comme dans premier cas.

Table_matrice : notre tableau qui **commence par A2 et fini par D20**
Comme dans premier cas.

N°_index_col : est égal à **3**. Car c'est dans la troisième colonne de notre tableau de référence que se trouvent les PRÉNOMS.

Valeur_proche : est égal à **FAUX**. Comme dans premier cas.

Pour le SALAIRE : **=RECHERCHEV(G1;A2:D20;4;FAUX)**

Valeur_cherchée ici égal à ce qui va se trouver dans la cellule **G1**.
Comme dans les cas précédents.

Table_matrice dans notre est notre tableau qui **commence par A2 et fini par D20** comme dans les cas précédents.

N°_index_col : est égal à **4**. Car c'est dans la **quatrième colonne** de notre tableau de référence que se trouvent les SALAIRES.

Valeur_proche : est égal à **FAUX**. Comme dans les cas précédents.

| H4 | ▼ | : | × | ✓ | fx | =RECHERCHEV(G1;A2:D20;4;FAUX) |

	A	B	C	D	E	F	G	H
1	MATRICULE	NOM	PRENOM	SALAIRE		MATRICULE :	M100	
2	M100	BOH	FABRICE	433 988				
3	M101	HONOL	FRANCK	433 589		NOM :	PRENOM :	SALAIRE :
4	M102	GONDO	YANG	433 590		BOH	FABRICE	433 988
5	M103	NANG	BONY	433 591				
6	M104	BOLO	FRANCKO	436 592				
7	M105	HANK	BOLO JOHN	433 593				
8	M106	BLEU	NADEGE	433 594				
9	M107	PLANO	ARSENE	433 595				
10	M108	BEN	ALBO JULES	434 596				
11	M109	DONY	LOKO JEAN	433 597				
12	M110	GNAORE	NAHOMIE	433 598				
13	M111	KONE	LOSSENI	433 599				
14	M112	LACINA	FRANCKY	433 600				
15	M113	KOUAME	PAUL	433 601				
16	M114	BAMBA	MORI	433 602				
17	M115	GOUET	NINA	433 603				
18	M116	BROU	JACQUES	433 604				
19	M117	KAN	MAURICE	433 605				
20	M118	DONGO	LAURENCE	433 606				
21								

REMARQUE :

La fonction **RECHERCHEV** recherche une valeur dans la première colonne d'un tableau, les résultats ne peuvent donc pas se situer à gauche de la colonne de recherche. Si vous souhaitez pouvoir effectuer une recherche dans une colonne qui n'est pas forcément la première du tableau, utilisez la combinaison de fonctions **INDEX + EQUIV** (ou plus simplement la fonction **RECHERCHEX** si vous disposez d'Excel 365).

En cas de **message d'erreur #N/A** c'est que l'élément à chercher n'existe pas dans le tableau de référence. Pour éviter ce message pour vous pouvez utiliser la fonction SIERREUR étudiée plus haut.

Je vous encourage à faire des tests et surtout regarder aussi des tutos vidéo sur YouTube pour maitriser cette fonction car elle vous sera très utile.

c. La fonction RECHERCHEH

La fonction RECHERCHEH recherche une valeur dans la première ligne d'un tableau puis renvoie la valeur d'une cellule qui se situe dans la même colonne que la valeur recherchée.

LA SYNTAXE :

=RECHERCHEH(valeur_cherchée ; table_matrice; N°_index_Lig ; valeur_proche)

valeur_cherchée : entrez la valeur à rechercher dans la première ligne du tableau de référence .

table_matrice : entrez la plage de cellules qui contient les données du tableau. De manière claire c'est votre tableau de référence.

N°_index_Lig: entrez le numéro de la ligne du tableau de référence qui contient le résultat à renvoyer.

valeur_proche : entrez **FAUX** ou **zéro (0)** pour rechercher **la valeur exacte** de "Valeur_cherchée" et **VRAI** ou **UN (1)** pour les rechercher la **valeur à peu près** de "Valeur_cherchée". **En général, nous utilisons FAUX ou zéro (0) pour obtenir les valeurs exactes.**

CAS PRATIQUE :

Comme dans l'étude de la fonction précédente, imaginons le tableau ci-dessous. Nous souhaitons que lorsqu'un utilisateur saisie un numéro matricule dans la **cellule C9 en jaune**, le **nom**, les **prénoms** et le **salaire** s'actualisent automatiquement dans les cellules respectives **B12** , **C12** et **D12**. Cette actualisation se base sur notre tableau.

	A	B	C	D	E	F	G	H	I	J
1										
2	MATRICULE	M100	M101	M102	M103	M104	M105	M106	M107	M108
3	NOM	BOH	HONOL	GONDO	NANG	BOLO	HANK	BLEU	PLANO	BEN
4	PRENOM	FABRICE	FRANCK	YANG	BONY	FRANCKO	BOLO JOHN	NADEGE	ARSENE	ALBO JULES
5	SALAIRE	433 988	433 589	433 590	433 591	436 592	433 593	433 594	433 595	434 596
6										
7										
8										
9		MATRICULE :	M103							
10										
11		NOM	PRENOM	SALAIRE						
12										
13										
14										

Cette fonction a le même fonctionnement que RECHERCHEV donc je ne vais pas trop rentrer dans les détails.

Pour le NOM : =RECHERCHEH(C9;B2:J5;2;FAUX)

Valeur_cherchée ici égal à ce qui va se trouver dans la cellule **C9**.

Table_matrice Ici il s'agit de notre tableau qui **commence par B2 et fini par J5**

N°_index_Lig : est égal à **2**. Car c'est dans la deuxième ligne de notre tableau de référence que se trouvent les NOMS.

Valeur_proche : est égal à **FAUX**.

Pour les PRÉNOMS : =RECHERCHEH(C9;B2:J5;3;FAUX)

Valeur_cherchée ici égal à ce qui va se trouver dans la cellule **C9**.

Table_matrice il s'agit de notre tableau qui **commence par B2 et fini par J5**

N°_index_Lig: est égal à **3**. Car c'est dans la troisième ligne de notre tableau de référence que se trouvent les PRÉNOMS.

Valeur_proche : est égal à **FAUX**.

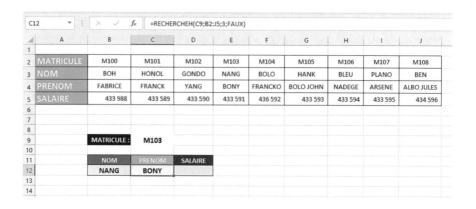

Pour le SALAIRE : =RECHERCHEH(C9;B2:J5;4;FAUX)

Valeur_cherchée ici égal à ce qui va se trouver dans la cellule **C9**.

Table_matrice il s'agit de notre tableau qui **commence par B2 et fini par J5**

N°_index_Lig: est égal à **4**. Car c'est dans la quatrième ligne de notre tableau de référence que se trouvent les salaires.

Valeur_proche : est égal à **FAUX**.

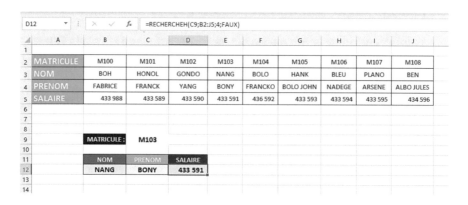

d. La fonction RECHERCHEX

Cette fonction recherche une correspondance dans une plage ou un tableau et renvoie l'élément correspondant dans un deuxième tableau ou plage. Par défaut, une correspondance exacte est utilisée.

Elle se révèle bien plus fonctionnelle que la fonction RECHERCHEV qui ne recherche la valeur uniquement dans la première colonne d'un tableau et plus simple à utiliser que la combinaison INDEX-EQUIV qui nécessite l'utilisation de deux (2) fonctions.

La fonction RECHERCHEX est une version améliorée des deux précédentes fonctions étudiées (RECHERCHEV et RECEHERCHEH) **malheureusement pour les versions antérieures elle n'est disponible que sur office 365 et Excel 2019.**

LA SYNTAXE :

=RECHERCHEX(Valeur_cherchée;Tableau_recherche;Tableau_renvoyé;Si_non_trouvé; Mode_correspondance; Mode_recherche)

Valeur_cherchée : représente la valeur recherchée. La valeur que vous cherchez peut-être indiquée sous la forme d'un texte (par ex. "Région Nord"), d'adresse de cellule (ex. B1) ou en tant qu'une plage nommée (ex. RegionChoisi). Cet argument est obligatoire.

Tableau_recherche : Cet argument représente le tableau ou la plage sur lequel s'effectue la recherche. En gros, si vous cherchez par exemple une région particulière, cet argument doit contenir la plage dans laquelle se trouvent les régions. Cet argument est obligatoire.

Tableau_renvoyé : Cet argument représente le tableau ou la plage à renvoyer. La définition peut sembler un peu flou mais, simplement dit, vous devez mettre dans cet argument l'adresse de la plage dans laquelle doit se trouver le résultat de votre recherche (voir la section "Exemples d'utilisation"). Cet argument est obligatoire.

Si_non_trouvé : Cet argument contient la valeur qui sera le résultat de la formule au cas où la valeur recherchée n'est pas trouvée. Ceci remplace donc l'erreur qui était renvoyée comme résultat dans les formules RECHERCHEV et RECHERCHEH. Si vous laissez cet argument vide et la valeur n'est pas trouvée, le résultat de la fonction sera l'erreur #N/A. Cet argument est optionnel.

Mode_correspondance : Ici vous pouvez indiquer la manière dont Excel doit comparer la Valeur_cherchée et les différentes valeurs qui se trouvent dans le Tableau_recherche.

Mode_recherche : Ce dernier argument spécifie le mode de recherche à utiliser. En gros, ici, vous déterminez de quelle manière (dans quel ordre) Excel va chercher Valeur_cherchée dans le Tableau_recherche.

À RETENIR :

Pour cette fonction, les trois (3) premiers arguments (**Valeur_cherchée ; Tableau_recherche ; Tableau_renvoyé**) **sont obligatoires**, les trois (3) derniers (**Si_non_trouvé ; Mode_correspondance ; Mode_recherche**) sont optionnels.

CAS PRATIQUE :

Imaginons le tableau ci-dessous. Nous souhaitons que lorsqu'un utilisateur saisie un numéro matricule dans la **cellule G1 en jaune**, le **nom**, les **prénoms** et le **salaire** s'actualisent automatiquement dans les cellules respectives **F4**, **G4** et **H4**. Cette actualisation se base sur notre tableau.

	A	B	C	D	E	F	G	H
	K34 ▾		f_x					
1	NOM	PRENOM	MATRICULE	SALAIRE		MATRICULE :	M111	
2	BOH	FABRICE	M100	433 988				
3	HONOL	FRANCK	M101	433 589		NOM :	PRENOM :	SALAIRE :
4	GONDO	YANG	M102	433 590				
5	NANG	BONY	M103	433 591				
6	BOLO	FRANCKO	M104	436 592				
7	HANK	BOLO JOHN	M105	433 593				
8	BLEU	NADEGE	M106	433 594				
9	PLANO	ARSENE	M107	433 595				
10	BEN	ALBO JULES	M108	434 596				
11	DONY	LOKO JEAN	M109	433 597				
12	GNAORE	NAHOMIE	M110	433 598				
13	KONE	LOSSENI	M111	433 599				
14	LACINA	FRANCKY	M112	433 600				
15	KOUAME	PAUL	M113	433 601				
16	BAMBA	MORI	M114	433 602				
17	GOUET	NINA	M115	433 603				
18	BROU	JACQUES	M116	433 604				
19	KAN	MAURICE	M117	433 605				
20	DONGO	LAURENCE	M118	433 606				
21								

Pour le NOM : =RECHERCHEX(G1;C2:C20;A2:A20;"Matricule incorrect")

Valeur_cherchée ici égal à ce qui va se trouver dans la cellule **G1**. D'où **G1** comme valeur_cherchée.

Tableau_recherche dans notre cas c'est notre **colonne où se trouvent les matricules** qu'on cherche donc la plage **C2:C20**.

Tableau_renvoyé: ici il s'agit de notre **colonne où se trouvent les NOMS** qu'on cherche, donc la plage **A2:A20**.

Si_non_trouvé: nous avons dans ce cas, utilisé un texte (Matricule incorrect) qui s'affichera si le numéro de matricule saisie n'existe pas dans notre tableau.

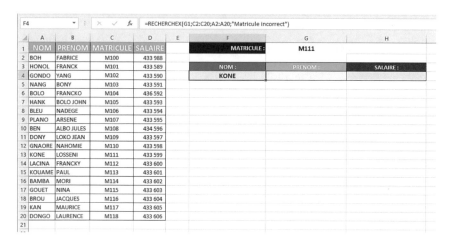

Pour le PRENOM : =RECHERCHEX(G1;C2:C20;B2:B20;"Matricule incorrect")

Valeur_cherchée ici égal à ce qui va se trouver dans la cellule **G1**. D'où **G1** comme valeur_cherchée.

Tableau_recherche dans notre cas c'est notre **colonne où se trouvent les matricules** qu'on cherche donc la plage **C2:C20**.

Tableau_renvoyé: ici il s'agit de notre **colonne où se trouvent les PRENOMS** qu'on cherche, donc la plage **B2:B20**.

Si_non_trouvé: nous avons dans ce cas, utilisé un texte (Matricule incorrect) qui s'affichera si le numéro de matricule saisie n'existe pas dans notre tableau.

| G4 | | ▼ | : | × | ✓ | fx | =RECHERCHEX(G1;C2:C20;B2:B20;"Matricule incorrect") |

◢	A	B	C	D	E	F	G	H
1	NOM	PRENOM	MATRICULE	SALAIRE		MATRICULE :	M111	
2	BOH	FABRICE	M100	433 988				
3	HONOL	FRANCK	M101	433 589		NOM :	PRENOM :	SALAIRE :
4	GONDO	YANG	M102	433 590		KONE	LOSSENI	
5	NANG	BONY	M103	433 591				
6	BOLO	FRANCKO	M104	436 592				
7	HANK	BOLO JOHN	M105	433 593				
8	BLEU	NADEGE	M106	433 594				
9	PLANO	ARSENE	M107	433 595				
10	BEN	ALBO JULES	M108	434 596				
11	DONY	LOKO JEAN	M109	433 597				
12	GNAORE	NAHOMIE	M110	433 598				
13	KONE	LOSSENI	M111	433 599				
14	LACINA	FRANCKY	M112	433 600				
15	KOUAME	PAUL	M113	433 601				
16	BAMBA	MORI	M114	433 602				
17	GOUET	NINA	M115	433 603				
18	BROU	JACQUES	M116	433 604				
19	KAN	MAURICE	M117	433 605				
20	DONGO	LAURENCE	M118	433 606				
21								

Facile non ? maintenant recherchons le salaire pour le matricule mentionné.

Pour le SALAIRE : =RECHERCHEX(G1;C2:C20;D2:D20;"Matricule incorrect")

Valeur_cherchée ici égal à ce qui va se trouver dans la cellule **G1**. D'où **G1** comme valeur_cherchée.

Tableau_recherche dans notre cas est notre **colonne où se trouvent les matricules** qu'on cherche donc la plage **C2:C20**.

Tableau_renvoyé: ici il s'agit de notre **colonne où se trouvent les SALAIRES** qu'on cherche, donc la plage **D2:D20**.

Si_non_trouvé: nous avons dans ce cas, utilisé un texte (Matricule incorrect) qui s'affichera si le numéro de matricule saisie n'existe pas dans notre tableau.

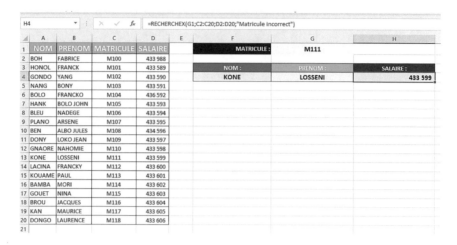

Imaginons maintenant que l'utilisateur saisisse un faux numéro matricule dans la cellule G1. Normalement si notre formule fonctionne correctement nous devant avoir comme message « **Matricule incorrect** » car nous avons remplacé le msg d'erreur par ce texte. Et voilà :

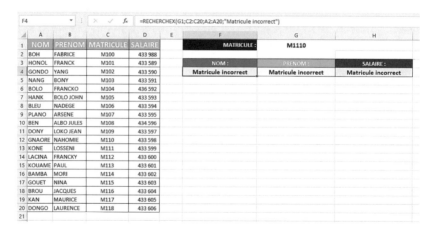

Notre formule marche correctement.

À RETENIR :

RECHERCHEX ne fonctionne pas sur toutes les versions de Microsoft Excel, il faut avoir absolument **office 365** ou la **version Excel 2019 au moment où j'écris ces lignes**. Mais elle reste une fonction très pratique en comparaison avec ses années **RECHERCHEV**, **RECHERCHEH** OU **INDEX+EQUIV**.

e. La fonction INDEX

Généralement la fonction **INDEX** utilisée avec la fonction **EQUIV** de rechercher une valeur dans un tableau comme un RECHERCHEV.

Avant tout, commençons par les prérequis :

La fonction **INDEX** recherche une valeur dans un tableau en fonction de ses coordonnées. Il faut lui indiquer le numéro de la ligne et colonne.

LA SYNTAXE : =INDEX(plage_de_cellules; no_ligne; no_colonne)

plage_de_cellules : votre tableau, plage de données (ligne ou colonne) dans lesquelles vous souhaitez rechercher votre élément.
no_ligne : comme son nom l'indique il s'agit du rang de la ligne correspondante de votre plage de données et non le numéro de ligne proposée par Excel
no_colonne: il s'agit du rang de la colonne correspondante de votre plage de données et non l'ordre de colonne standard proposée par Excel.

CAS PRATIQUE :
L'objectif ici est d'afficher une valeur du tableau en fonction des numéros de ligne et de colonne avec la fonction INDEX. Imaginons le tableau ci-dessous :

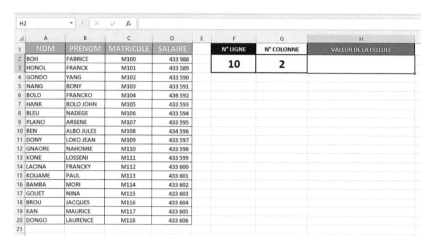

Nous allons afficher la valeur de la **10ᵉ ligne** et la **2ᵉ colonne** de notre plage de cellules entrées.

Résultat ci-dessous :

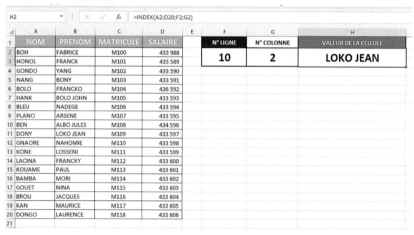

Donc la valeur de la **cellule B11** sera affiché. Oufff, tu te demandes pourquoi ? ce n'est pas la cellule B10 ?

RAISON : c'est parce que j'ai commencé ma plage de cellule commence par A2. Si j'avais mis **=INDEX(A1:D20;F2;G2)** , j'allais avoir comme résultat **ALBO JULES** au lieu de **LOKO JEAN**.

À RETENIR :
Le numéro de ligne ou numéro de colonne ne sont pas des numéros de votre feuille Excel mais des lignes et colonnes de votre tableaux ou de votre plage de données.

Passons maintenant à la fonction **EQUIV**.

f. La fonction EQUIV

La fonction EQUIV recherche un élément spécifique dans une plage de cellules, puis renvoie la position relative de l'élément dans la plage. Par exemple, si la plage B1:B3 contient les valeurs MAM, PAP et ENF, la formule =EQUIV("PAP";B1:B3;0) renvoie le chiffre 2 étant donné que 25 est le deuxième élément dans la plage.

LA SYNTAXE : EQUIV(valeur_cherchée, matrice_recherche, [type])

valeur_cherchée : l'élément que vous cherche sa position
matrice_recherche : la plage de données dans laquelle vous souhaitez chercher l'élément.
[type] : d'une manière générale, on utilise **0** pour obtenir la **position exacte** de l'élément cherché. Sinon **1** pour une **valeur inférieure** et **-1** pour une **valeur supérieure**.

CAS PRATIQUE :
Ci-dessous l'exemple pratique.

	H2		▾		×	✓	ƒx	=EQUIV(F2;A2:A20;0)	

	A	B	C	D	E	F	G	H
1	NOM	PRENOM	MATRICULE	SALAIRE		VALEUR CHERCHEE	Fonction EQUIV	RESULTAT
2	BOH	FABRICE	M100	433 988				
3	HONOL	FRANCK	M101	433 589		GNAORE	=EQUIV(F2;A2:A20;0)	11
4	GONDO	YANG	M102	433 590				
5	NANG	BONY	M103	433 591		PAUL	=EQUIV(F4;B2:B20;0)	14
6	BOLO	FRANCKO	M104	436 592				
7	HANK	BOLO JOHN	M105	433 593		M104	=EQUIV(F6;C2:C20;0)	5
8	BLEU	NADEGE	M106	433 594				
9	PLANO	ARSENE	M107	433 595		433 595	=EQUIV(F8;D2:D20;0)	8
10	BEN	ALBO JULES	M108	434 596				
11	DONY	LOKO JEAN	M109	433 597				
12	GNAORE	NAHOMIE	M110	433 598				
13	KONE	LOSSENI	M111	433 599				
14	LACINA	FRANCKY	M112	433 600				
15	KOUAME	PAUL	M113	433 601				
16	BAMBA	MORI	M114	433 602				
17	GOUET	NINA	M115	433 603				
18	BROU	JACQUES	M116	433 604				
19	KAN	MAURICE	M117	433 605				
20	DONGO	LAURENCE	M118	433 606				
21								

J'espère que ces exemples vous aideront à bien comprendre ces fonctions, passons maintenant à la combinaison de ces deux dernières fonctions pour obtenir la formule magique tant aimée par les fans de Microsoft Excel.

g. La fonction INDEX+EQUIV

Étant donné que nous avions bien étudié ces deux fonctions nous allons les combiner pour faire les utiliser à place des **RECHERCHEV**
La syntaxe :
INDEX(plage_de_cellules ;EQUIV(valeur_cherchée, matrice_recherche, [type]) ; no_colonne)

Le numero de ligne de la fonction **INDEX** a été remplacé ici par la fonction **EQUIV**. Ce n'est pas de la magie, juste la combinaison de deux fonctions. Alors passons à la phase pratique.

CAS PRATIQUE : réalisons le même exercice de la fonction RECHERCHEX avec cette combinaison. Pour être précis, recherchons les **NOM, PRENOM** et **SALAIRE** en fonction du numéro matricule.

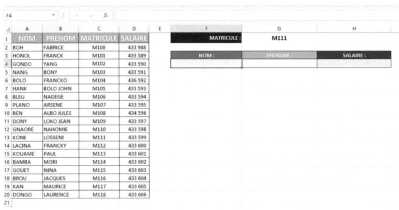

Pour le NOM : =INDEX(A2:D20;EQUIV(G1;C2:C20;0);1)

A2:D20 pour la plage de cellule (notre tableau ou se trouvent toutes nos données)

EQUIV(G1;C2:C20;0) pour récupérer le numéro de ligne en fonction du matricule

Et **1** pour dire que nos noms se trouvent dans la première colonne de notre tableau.

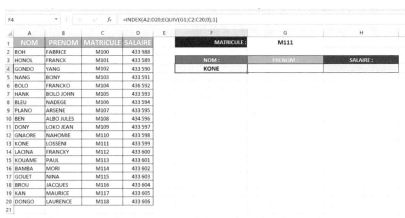

Facile n'est-ce pas ? ok passons à la recherche des prénoms

Pour le PRENOM : =INDEX(A2:D20;EQUIV(G1;C2:C20;0);2)

A2:D20 pour la plage de cellule (notre tableau ou se trouvent toutes nos données)

EQUIV(G1;C2:C20;0) pour récupérer le numéro de ligne en fonction du matricule

Et **2** pour dire que nos prénoms se trouvent dans la deuxième colonne de notre tableau.

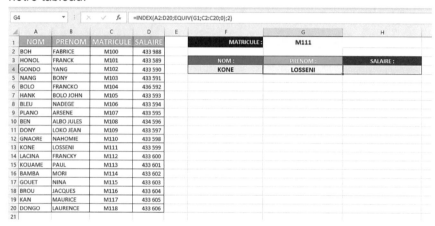

Pour le SALAIRE: =INDEX(A2:D20;EQUIV(G1;C2:C20;0);4)

A2:D20 pour la plage de cellule (notre tableau ou se trouvent toutes nos données)

EQUIV(G1;C2:C20;0) pour récupérer le numéro de ligne en fonction du matricule

Et **4** pour dire que nos salaires se trouvent dans la quatrième colonne de notre tableau.

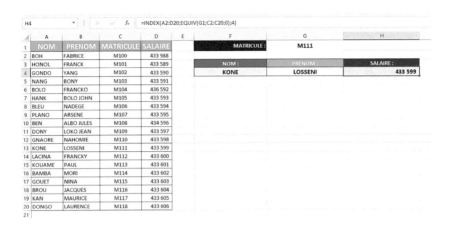

Bravooo… vous avez terminé l'étude des fonctions essentielles de Microsoft Excel.

Je vous souhaite une réelle productivité avec Microsoft Excel dans vos entreprises.

RÉSUMÉ

Tout d'abord, je tiens à vous remercier de m'avoir lu jusqu'ici. Mon objectif principal est de vous rendre autonome et productif avec Microsoft Excel à travers ce manuel.

Je ne pourrai vous laisser, sans insister sur les **deux (2) points essentiels** qui vous donneront une parfaite maitrise de cet outil professionnel. Car je peux vous garantir qu'ils sont d'ailleurs impératifs à l'optimisation de vos compétences en Excel.

Apprenez continuellement avec beaucoup de curiosité

La technologie évolue à une vitesse incroyable, et très régulièrement de nouvelles fonctions et fonctionnalités apparaissent. Pour rester au top, il faut apprendre continuellement. Et je veux vous pousser à aller plus loin. Ce manuel vous encourage et vous guide sur la maitrise de Microsoft Excel mais, s'il veut vous montrer tous les contours, nous allons faire plus de milles (1000) pages. Alors n'hésitez à faire des recherches même sur YouTube pour continuer à développer vos compétences en Excel.

Mettez en pratique régulièrement ce que vous apprenez

Comme disais Bruce Lee : « *Je ne crains pas l'homme qui a pratiqué 10.000 coups une fois, mais je crains l'homme qui a pratiqué un coup 10.000 fois*. »

Pour moi, ne pas pratiquez régulièrement ses connaissances en Excel c'est dire adieu à ses connaissances. Si tu veux devenir un « **SUPER HEROS** » en Excel, pratique, pratique et pratique encore tout ce que tu apprends. Et à force de pratiquer cela reste comme un réflexe inné.

Si vous mettez le contenu de ce manuel en pratique vous verrez la magie s'opérer dans votre manière d'utiliser Excel, et surtout vous serez en plus, productif (ve) dans votre entreprise.

Printed in France by Amazon
Brétigny-sur-Orge, FR

17250574R00078